アカデミック・ジャパニーズ対応

日本語パワーアップ総合問題集

Integrated Exercises for Japanese Language Proficiency

佐々木瑞枝＋横浜日本語研究会 著
Mizue Sasaki　Yokohama Nihongo Kenkyukai

Level A

The Japan Times

First edition: June 2000

General coordinator: Yoshiaki Murasawa
Layout design & Editorial assistance: guild
Illustrations: Noriko Udagawa
Jacket design: Akihiro Kurata

Published by The Japan Times, Ltd.
5-4, Shibaura 4-chome, Minato-ku, Tokyo 108-0023, Japan
http://bookclub.japantimes.co.jp/

ISBN4-7890-1012-0

Printed in Japan

はじめに

　日本語を勉強していて「自分の日本語能力はどのくらいあるのだろうか」と疑問に思うことがよくあると思います。

　日本語の能力といっても、勉強している皆さんによっては得意、不得意な分野が必ずあると思います。新聞は読めるけれど、ラジオのニュースはなかなか聞き取れない。特に漢字圏の皆さんは「ああ、自分はこのタイプ」と思われるのではありませんか。こういうタイプの方は、読解能力は優れているけれど、聴解能力は努力する必要がありそうです。

　また、基礎的な語彙を使って会話することは得意でも、ちょっと高度な内容の会話になると相手の話している内容が理解できない、使っている言葉の意味がわからないという外国人の方もいらっしゃるはずです。このタイプの方々は、語彙力や文章の構成を理解する力、作り出す力がまだまだなのでしょう。

　この問題集は、一冊で日本語を勉強している皆さんの総合的な力を判断し、項目別に能力を「パワーアップ」できるように、さまざまな新しい工夫がされています。

　大学などの高等教育機関で学ぶ留学生に求められるアカデミックな日本語力を意識して作られた問題集ですから、これまでの「理解中心型」から「応用力重視型」になっています。

　問題の内容は、日本の社会、経済・経営、国際関係、芸術、産業とテクノロジー、地球と環境、情報、理工、日常生活に密着したものとアカデミックな内容を多く取り上げています。

　問題は、予測したり類推力を必要とするもの、さまざまな情報を取捨選択するもの、日本語学習者が大学に進学した時に必要とされる知識を測るものなど、単に問題集として使うだけではなく、自分のウィークポイントを発見し学ぶ目的も果たせるように作成されています。

　この「総合問題集」は、単なる「問題集」ではありません。まず問題を解き、できなかった部分を学習することで、総合的な実力がついていくはずです。

　著者一同、皆さんの日本語能力が「パワーアップ」することを心から願っています。

2000年5月　佐々木瑞枝

もくじ

PART 1

まずは
ここから

プレイスメントテスト

〜あなたの実力と弱点を正確に把握しよう！〜

プレイスメントテストを始めるまえに

◆ この問題集は、「プレイスメントテスト」「項目別パワーアップ問題」「確認問題」から構成されています。項目別パワーアップ問題の前に、まず、プレイスメントテストで、自分の実力をはかってみましょう。

◆ プレイスメントテストの問題は「**文字・語彙**」「**聴解**」「**文法**」「**読解**」の四つの分野に分かれています。巻末に解答用紙がありますので、切り取って使ってください。「聴解」の問題は CD を聞いて答えてください。

◆ プレイスメントテストの時間は **80分**（「聴解」10分＋他の3分野70分）です。時計を見ながら、どのくらい時間がかかるか計ってみてください。

◆ テストが終わったら、別冊の解答を見ながら自分で採点してみましょう。採点の結果は **25ページの採点表**に正答数（自分の答えが解答と同じものの数）を書き、正答率を計算してください。

◆ 計算の結果をその下のグラフに書き込んで、**線で結んで**みましょう。どんな形になりましたか。

「文字・語彙」「聴解」「文法」「読解」の中で得意な分野、不得意な分野が一目でわかります。だれでも得意・不得意はあるもの、だからこそ「**項目別パワーアップ問題**」がこの後にあるのです。

26ページのリンク表を見れば、間違えた問題が「項目別パワーアップ問題」のどの問題と関連しているかがわかります。

◆ 答え合わせをして間違っていたら、それはあなたの問題の解き方、考える過程がどこか間違っていたのかもしれません。「**項目別パワーアップ問題を始めるまえに**」を読んで、それぞれのポイントを確かめてください。

……さあ、どの分野から問題集を始めましょうか。
　先に得意な分野をクリアーしてから不得意な分野に行きますか。
　それとも不得意な分野を先にしますか。
　それはあなたの自由、どこからでも始めてくださいね。

文字・語彙

問題Ⅰ 下線部の漢字には正しい読み方を、ひらがなには正しい漢字をそれぞれ選びなさい。

問1 合理的な管理の仕組みである<u>かんりょう</u>制は、<u>生身</u>の人間が組織の道具に<u>てっし</u>ようとす
①　　　　　　　　　②　　　　　　　　　③
るため、規則<u>万能</u>、<u>融通</u>のきかなさ、いんぎん無礼などの欠点が現れやすい。
④　　⑤

(1) かんりょう　　1 閣僚　　　　2 官僚　　　　3 官吏　　　　4 完了
(2) 生身　　　　　1 せいしん　　2 しょうしん　3 きみ　　　　4 なまみ
(3) てっし　　　　1 徹し　　　　2 撤し　　　　3 摘し　　　　4 微し
(4) 万能　　　　　1 まんのう　　2 ばんのう　　3 まんたい　　4 ばんたい
(5) 融通　　　　　1 ゆうつ　　　2 ゆうつう　　3 ゆうずう　　4 ゆうどおり

問2 政府は<u>かけい</u>から<u>しょとく</u>税を<u>徴収</u>する一方で公共サービスを提供する。納税者に<u>ふよう</u>
①　　　　　②　　　　　③　　　　　　　　　　　　　　　　　　　　④
家族があれば<u>控除</u>が受けられる。
⑤

(1) かけい　　　　1 家系　　　　2 課計　　　　3 課系　　　　4 家計
(2) しょとく　　　1 拾得　　　　2 取得　　　　3 諸得　　　　4 所得
(3) 徴収　　　　　1 びしゅう　　2 ちょうしゅう　3 てっしゅう　4 りょうしゅう
(4) ふよう　　　　1 不要　　　　2 不用　　　　3 婦養　　　　4 扶養
(5) 控除　　　　　1 こうじょ　　2 くじょ　　　3 くうじょ　　4 くうじょう

問3 他国への<u>ぐんじ</u><u>かいにゅう</u>や<u>ないせい</u><u>干渉</u>には、国外からの批判だけでなく国内での<u>反発</u>
①　　　②　　　　　　③　　④　　　　　　　　　　　　　　　　　⑤
が起こることもある。

(1) ぐんじ　　　　1 軍持　　　　2 軍事　　　　3 軍治　　　　4 軍司
(2) かいにゅう　　1 会入　　　　2 回入　　　　3 解入　　　　4 介入
(3) ないせい　　　1 内政　　　　2 内省　　　　3 内正　　　　4 内制
(4) 干渉　　　　　1 ひしょう　　2 ひほ　　　　3 かんしょう　4 かんぽ
(5) 反発　　　　　1 はんたつ　　2 はんほつ　　3 はんはつ　　4 はんぱつ

問4 彼の<u>脚本</u>は、<u>細やか</u>な心理<u>びょうしゃ</u>で<u>たいしゅう</u>の<u>きょうかん</u>を得ている。
①　　　　②　　　　　③　　　　　④　　　　　⑤

(1) 脚本　　　　　1 あしもと　　2 あしほん　　3 きゃくもと　4 きゃくほん
(2) 細やか　　　　1 こまやか　　2 ほそやか　　3 さいやか　　4 ひそやか
(3) びょうしゃ　　1 秒写　　　　2 表写　　　　3 描写　　　　4 評写
(4) たいしゅう　　1 対集　　　　2 多集　　　　3 隊衆　　　　4 大衆
(5) きょうかん　　1 教官　　　　2 共感　　　　3 景観　　　　4 京漢

問5 人間の<u>かくしゅ</u>機能を<u>代替</u>するようコンピューター<u>制御</u>された産業用ロボットの<u>導入</u>が
     (1)   (2)   (3)   (4)
<u>さかん</u>である。
(5)

		1		2		3		4	
(1)	かくしゅ	1	覚手	2	格取	3	確守	4	各種
(2)	代替	1	だいたい	2	だいかえ	3	たいがえ	4	かいかえ
(3)	制御	1	せいおん	2	せいぎょ	3	せいきょ	4	せいご
(4)	導入	1	みちびき	2	みちびいれ	3	どうにゅう	4	どういれ
(5)	さかん	1	栄ん	2	賑ん	3	盛ん	4	著ん

問6 世界的な<u>洪水</u>の多発は熱帯雨林が<u>げんしょう</u>し<u>森林</u>のもっている環境<u>ほぜん</u>能力が
          (1)   (2)   (3)   (4)
<u>うしなわれた</u>ことにも原因がある。
(5)

		1		2		3		4	
(1)	洪水	1	ほんすい	2	ぎょうずい	3	こうずい	4	ごうすい
(2)	げんしょう	1	現象	2	現症	3	減少	4	域小
(3)	森林	1	もりばやし	2	もりはやし	3	じんりん	4	しんりん
(4)	ほぜん	1	補善	2	保全	3	保善	4	補然
(5)	うしなわれた	1	無われた	2	亡われた	3	失われた	4	忙われた

問7 ホームページで<u>食欲</u>の秋を<u>満喫</u>しよう。<u>自炊</u>派なら、テレビの料理番組へアクセスすれば、
                 (1)   (2)   (3)
<u>くろうと</u>はだしの料理が<u>てぎわ</u>よくできあがる。
(4)   (5)

		1		2		3		4	
(1)	食欲	1	しょくよう	2	しょくよく	3	たべよく	4	たべほし
(2)	満喫	1	まんきつ	2	まんすい	3	みつきち	4	まんぞく
(3)	自炊	1	じたく	2	じったく	3	じまん	4	じすい
(4)	くろうと	1	苦労徒	2	黒徒	3	黒人	4	玄人
(5)	てぎわ	1	手際	2	敵輪	3	手端	4	適環

問8 自然界では、<u>繁殖</u>力の<u>最も</u>強い<u>すぐれ</u>た<u>しゅ</u>が生き残っていくのが<u>ほうそく</u>である。
                    (1)   (2)   (3)   (4)   (5)

		1		2		3		4	
(1)	繁殖	1	はんえい	2	はんじょう	3	はんしょく	4	ばんえい
(2)	最も	1	もっとも	2	さいも	3	しゅも	4	いつも
(3)	すぐれ	1	賞れ	2	優れ	3	秀れ	4	誉れ
(4)	しゅ	1	主	2	趣	3	種	4	首
(5)	ほうそく	1	法則	2	方法	3	方策	4	法測

問題Ⅱ ＿＿＿＿＿に入れるのに最も適当なものを選びなさい。

(1) 出生率の低下の一因は女性の出産・育児と仕事との＿＿＿＿＿が難しいことにある。

   1　共存　　　　　　2　同居　　　　　　3　並立　　　　　　4　両立

(2) 上司の命令に忠実に従い、会社のために＿＿＿＿＿サラリーマンが多かった。

   1　つくす　　　　　2　はたす　　　　　3　つぐなう　　　　4　つきる

(3) 高齢者もハンディキャップを持つ人も普通に暮らせる＿＿＿＿＿の社会をめざそう。

   1　バリアフリー　　2　ライフスタイル　3　レギュラー　　　4　ケアフリー

(4) 企業活動の目的は＿＿＿＿＿をできるだけ多くすることである。

   1　利子　　　　　　2　利回り　　　　　3　利率　　　　　　4　利潤

(5) A銀行とB銀行が＿＿＿＿＿して世界一の銀行が誕生するそうだ。

   1　合致　　　　　　2　合弁　　　　　　3　合同　　　　　　4　合併

(6) ようやく資金調達の目途がついて、＿＿＿＿＿危機は免れた。

   1　なんだか　　　　2　どうにか　　　　3　なおさら　　　　4　どうして

(7) オリンピックはスポーツを通して世界平和の推進を＿＿＿＿＿いる。

   1　目指して　　　　2　克服して　　　　3　開拓して　　　　4　展開して

(8) 女優のKさんはユニセフの親善大使として難民キャンプに＿＿＿＿＿。

   1　おとずれた　　　2　ささげた　　　　3　おもむいた　　　4　ひきいた

(9) 世界各地の文化は優劣という＿＿＿＿＿からではなく、違いとしてとらえるべきだ。

   1　原点　　　　　　2　焦点　　　　　　3　要点　　　　　　4　観点

(10) 1998年、東京に1年間設置されたフランスの自由の女神像は＿＿＿＿＿の人気だった。

   1　ちやほや　　　　2　なかなか　　　　3　いちいち　　　　4　せいぜい

(11) 彼女の激しい演技に観客は思わず息を＿＿＿＿＿。

   1　はいた　　　　　2　すった　　　　　3　ついた　　　　　4　のんだ

(12) 彼女は＿＿＿＿＿にこたえてもう一曲歌った。

   1　アンコール　　　2　アンケート　　　3　メロディー　　　4　クイズ

(13) 遺伝子組み換え食品の安全性についての問題点を、多くの人が＿＿＿＿＿している。

   1　提出　　　　　　2　提示　　　　　　3　指摘　　　　　　4　表示

(14) ハイテク化した生活の中で、＿＿＿＿＿＿＿人は健康を損ねがちである。

　　　1　かろうじて　　　2　とかく　　　　　3　たまたま　　　　4　とにかく

(15) S社もP社もゲームソフトの開発に＿＿＿＿＿＿＿いる。

　　　1　当てがはずれて　2　角がたって　　　3　しのぎを削って　4　かぶとを脱いで

(16) 世界の人口は2050年には100億人に達すると＿＿＿＿＿＿＿いる。

　　　1　聞かれて　　　　2　感じられて　　　3　見られて　　　　4　望まれて

(17) 地球の砂漠化は拡大の＿＿＿＿＿＿＿をたどり、多くの難民をも生んでいる。

　　　1　いちよう　　　　2　いっぽう　　　　3　いっと　　　　　4　いちず

(18) オゾン層の破壊は、上空で変化したフロンなどの物質によって＿＿＿＿＿＿＿ている。

　　　1　成し遂げられ　　2　生み出され　　　3　押し切られ　　　4　引き起こされ

(19) 通信衛星の＿＿＿＿＿＿＿は、天災にも左右されないことだ。

　　　1　有効　　　　　　2　有利　　　　　　3　利点　　　　　　4　有点

(20) 電子メールは、多数の相手に同時に同じ内容のものを＿＿＿＿＿＿＿ことができる。

　　　1　報道する　　　　2　放送する　　　　3　送信する　　　　4　宣伝する

(21) メディアの発達により、＿＿＿＿＿＿＿情報を瞬時に手に入れられる。

　　　1　すわりながら　　2　いずにして　　　3　いながらにして　4　うごかずにして

(22) 電子には、自転するものや、原子の周りを＿＿＿＿＿＿＿するものがある。

　　　1　周転　　　　　　2　輪転　　　　　　3　公転　　　　　　4　運転

(23) 宇宙空間の膨脹は爆発に＿＿＿＿＿＿＿、ビックバンとよばれる。

　　　1　おこされ　　　　2　たとえられ　　　3　あわせられ　　　4　しあげられ

(24) ピタゴラスの定理を＿＿＿＿＿＿＿には、四角形を使う。

　　　1　証明する　　　　2　理論する　　　　3　承認する　　　　4　認識する

問題Ⅰ 🖫Track 2

1
| 久慈　裕喜 |
| 新宿区上管原３－２－４０　　サカモトハイツ３０５ |

2
| 久慈　裕喜 |
| 新宿区上菅原３－２－４０　　サカモトハイツ３０５ |

3
| 久磁　祐喜 |
| 新宿区上管原３－２－４０　　サカモトハイツ３０５ |

4
| 久磁　祐喜 |
| 新宿区上菅原３－２－４０　　サカモトハイツ３０５ |

問題Ⅱ 🖫Track 3

※ここにメモをとってもかまいません。

問題Ⅲ 🎧**Track 4**

※ここにメモをとってもかまいません。

問題Ⅳ 🎧**Track 5**

※ここにメモをとってもかまいません。

問題　_____に入れるのに最も適当なものを選びなさい。

(1) 彼はバイオリニストとして世界を演奏して回る_____、絵の個展も開いている。
　　1　や否や　　　　　2　がてら　　　　　3　かたわら　　　　4　かたがた

(2) さすが、一流の職人_____の技が光っている。
　　1　これでは　　　　2　からでは　　　　3　ならでは　　　　4　それでは

(3) 宝くじが当たって都心に一戸建ての家を買うなんて、うらやましい_____。
　　1　のみだ　　　　　2　しまつだ　　　　3　だけだ　　　　　4　かぎりだ

(4) 交通事故にあってから_____、一人で外出するのが怖くなった。
　　1　というもの　　　2　ともあれば　　　3　ともあって　　　4　と相まって

(5) 災害時には物資の援助_____さることながら、医師や看護婦の派遣など、人的支援が必要
　　だ。
　　1　が　　　　　　　2　を　　　　　　　3　も　　　　　　　4　で

(6) 適度なスポーツが健康にいいのは言う_____ないが、毎日続けるのは難しいことだ。
　　1　さらも　　　　　2　ゆえも　　　　　3　すらも　　　　　4　までも

(7) 気が進まないので本当は引き受けたくないが、どうしてもと言うなら引き受け_____。
　　1　るにはあたらない　　　　　　　　　2　ないものでもない
　　3　ないまでだ　　　　　　　　　　　　4　ないまでもない

(8) 交通渋滞を緩和す_____新しい有料道路が建設された。
　　1　ようと　　　　　2　べく　　　　　　3　んがため　　　　4　ればこそ

(9) _____ぱなしで疲れた。
　　1　立ちっ　　　　　2　立った　　　　　3　立つ　　　　　　4　立てっ

(10) 試験まであと3ヵ月しかないんだから、しっかり勉強しなさい。あとから後悔_____、
　　どうしようもないのよ。
　　1　したところで　　2　したところに　　3　したであれ　　　4　したのに

(11) 手術ミスで子どもを失った両親の悲しみは想像に_____。
　　1　たえる　　　　　2　たえない　　　　3　かたくない　　　4　かたい

(12) ワールドカップ＿＿＿＿さすがに選手のレベルも相当なものだ。
    1　でもなると   2　ともなると   3　からなると   4　までなると

(13) みんなの前であんなことを言うなんて、失礼＿＿＿＿。
    1　極まった   2　極まる   3　の極まる   4　極みだ

(14) 「春＿＿＿＿いえ、寒い日が続いておりますが、いかがお過ごしでいらっしゃいますか。」
    1　では   2　とも   3　でも   4　とは

(15) お金がないなら＿＿＿＿、楽しむことができる。
    1　ないなりに   2　ないから   3　あっても   4　ないけど

(16) 選挙の結果＿＿＿＿では、国会の解散もありうる。
    1　の次第   2　いたり   3　いかん   4　だけ

(17) ことここに至っては、あきらめざるを＿＿＿＿。
    1　得る   2　得た   3　得ない   4　得ている

(18) 会場はあふれ＿＿＿＿人で身動きができなかった。
    1　ないような   2　んばかりの   3　ずような   4　ないばかりの

(19) 何も悪いことはしてないのだから、人になんと言われ＿＿＿＿がかまわない。
    1　ても   2　るところ   3　まい   4　よう

(20) こんな面倒な仕事を引き受けてくれるのは、彼女をおいて＿＿＿＿。
    1　ほかにもいる   2　ほかにもある   3　ほかにもない   4　ほかにはいない

(21) その歌手はデビューする＿＿＿＿CDの売り上げ記録を塗り替えた。
    1　や否や   2　なりに   3　とたんに   4　そばから

(22) まさかあの男が犯人だったなんて夢に＿＿＿＿思わなかった。
    1　こそ   2　とも   3　だに   4　のみ

(23) いくら保険に入っていても、事故を起こしてしまえばそれ＿＿＿＿。
    1　かぎりだ   2　までだ   3　こそだ   4　きりだ

(24) 見る＿＿＿＿テレビを見ていたら、よく行くレストランが映っていた。
    1　ともなると   2　ともなしに   3　までもなく   4　までなしに

問題Ⅰ　次の文章を読んで、後の問いに答えなさい。

　私はさまざまな大学で哲学やドイツ語を教えているが、いつも初日に教室に入るや、ジッと押し黙り、机にうずくまるようにいくぶん恨めしそうにこっちを観察している眼、眼、眼の群れを見て、ほんとうに全身崩れるほどガックリしてしまう。

　肩の力は抜け、<u>教える意欲も一瞬消え失せ</u>、いっそ「カッ！」とどなって教室を飛び出し
①
たくなる。こちらが何を語ろうが無表情、黒板に字を書くと漠然と写しはじめる。そして、私の身体で黒板の字が見えないと、自分の身体をずらせる。そのうち遅れてきた学生がノッ
からだ
ソリと入ってきて、黙って席に着く。「何か質問は？」と聞いても無言。「わかった人？」と聞いても無言。「わからない人？」と聞いても無言。何を聞いても無言……。

　これに関してはおもしろい話がある。アメリカ人大学教師がある日教室に入ると、蒸し暑かったので「窓を開けてもいいですか？」と窓際の女子学生に尋ねた。だが、彼女は当惑し、
まどぎわ
周りを見回し、押し黙ったままである。そこで、次の学生に聞いてみたが、やはり同じ反応。その教師はたいへん驚いた、ということである（参照『欧米人が沈黙するとき』直塚玲子、大修館書店）。

　このアメリカ人は「はい、どうぞ」とか「いいえ、困ります」というごく単純な反応を期待していたのだが、日本人である私には学生たちの反応はよくわかる。彼女たちは「他人の思惑を考えて」自分だけの判断で返答することができなかったのである。彼女の*1逡巡には、
しゅんじゅん
われわれ日本人が千年以上かかってつちかってきた「美徳」が根を張っているのだ。この話は、<u>日本人の言語行為における基本的態度に関して</u>、大きなヒントを与えてくれる。
④
　第一に、教師と学生とのあいだには確固とした線が引かれており、教師には「みんな」を
　　　　相手に喋る役割のみが期待されている。さきのアメリカ人教師はこの期待を突如
しゃべ
　　　　破ったので、学生たちは当惑を覚えた。
　第二に、たとえ、自分が「窓を開けてもよい」と思ったにせよ、それはアッという間に
　　　　「　　②　　」という声に押しつぶされゆく。「窓を開けてもよい」という思いが
　　　　フッと浮かぶか浮かばないかのあいだに、何か知らない圧力によってピンと張っ
　　　　た空気の中で言えなくなってしまう。いや、さらに正確に言えば、一瞬頭の中が
　　　　真っ白になってしまい、自分が何を聞かれたのかわからなくなってしまう。「窓を
　　　　開けてよいかどうか」という質問の内容はつかめたが、答えがサーッと消えてし
　　　　まうのだ。
　第三に、アメリカ人教師のじっと自分を見る目にさらされながら、これはアメリカ人には
　　　　たぶん<u>「おかしな」</u>反応なのだな、という考えがよぎりつつ、一瞬の逡巡を英語で
　　　　　　③

　　　　説明はできず、とはいえいまさら"Yes, please"と言うのも恥ずかしく、モジモ
　　　ジしてしまう。

　この場合は、相手がアメリカ人であり、英語で質問されたということもあって、附帯的な
要因もからんでいるが、この学生たちの反応、すなわちパブリックな場で発言することに強
力なブレーキがかかることは、日本人の行動様式の基調とも言えるものである。

（中島義道『うるさい日本の私』による）

*1 逡巡：決断できずにぐずぐずためらうこと

問1　①「教える意欲も一瞬消え失せ」る理由として最も適当なものを選びなさい。

　1　遅刻してくる学生が多く、そのたびに授業が中断されるから。
　2　黒板の字が見えないと、教室を勝手に歩き回るから。
　3　勉強しようという積極性を学生たちに感じないから。
　4　教える内容が難しすぎて理解できない学生が多いから。

問2　「　　②　　」に入る最も適当なものを選びなさい。

　1　なぜ窓を開けたいのだろうか
　2　開けると寒くなるからいやだ
　3　どうして私に聞くのだろうか
　4　他の人は違うかもしれない

問3　③「『おかしな』反応」とは、どのような行動のことか。

　1　質問されたのに、何も答えなかったこと
　2　英語で質問されたのに、日本語で答えたこと
　3　「窓を開けてよいかどうか」の質問に、「だめだ」と断ったこと
　4　何も言わずに席を立って窓を開けてしまったこと

問4　次の表は、ある日本の中学校で「遠足は高尾山(注)に決まりました」と先生が報告したときの
　　生徒たちの反応を示したものです。下線④「日本人の言語行為における基本的態度」とし
　　て適当なものには○、適当でないものには×を書き込みました。1〜4のうち、○、×の
　　正しい組み合わせを選びなさい。

　　（注）高尾山：山の名前

生徒たちの反応	1	2	3	4
お弁当、何を持っていこうかな。	×	○	○	×
私は山なんて行きたくない。	○	×	×	○
楽しみだな。	○	○	○	×
私はカメラを持っていって、写真をたくさんとるわ。	○	×	○	○
ぼくは山登りが嫌いなんだ。	×	○	×	○

問5　日本人の一般的な言語行為から、筆者は日本の文化をどのような文化だと考えているか。

　1　相手の言うことに従う文化

　2　言わなくてもわかる文化

　3　自分の意見をはっきり言う文化

　4　話しあってお互いを理解する文化

問題Ⅱ　次の文章と表を見て、問いに答えなさい。

　「アロマテラピー」とは、香りを使った治療法のことで、植物から採った香りの成分を体に取り入れて、心と体を健康にするものです。使用するのは、主に薬草、花、果物などから採るエッセンシャルオイル（精油）で、風呂に入れる、マッサージに使う、香りを吸い込むなどの方法があります。植物の種類により、香りはもちろん、心や体への効果も異なります。ここでは、アロマテラピーに使われる4つの植物について、香りの特徴と、心と体それぞれへの作用を紹介します。

レミマイル	トモミン
特徴：樹の香り 心　：緊張と不安を和らげ、リラックスさせ、幸福感をもたらす 体　：血管を強くし、血流を増加させる作用がある	特徴：緑葉の香り 心　：脳の神経を刺激し、頭をすっきりとリフレッシュしてくれる 体　：体を温め、汗を出す作用があるため、血液の循環を改善するのに効果がある

ハッチー	カヨラム
特徴：さわやかな木の香り 心　：心が疲れきって集中力のないとき、記憶力を高めたいときに効果がある 体　：痛みを取り去ったり、体の中の毒を消し去る作用がある	特徴：甘い花の香り 心　：心に落ち着きを取り戻させる作用がある。気力のないときに力づけ、元気を与えてくれる 体　：冷却作用があり、体温を下げるのに効果がある

問い　精神的ストレスが主な原因となる（1）＜不眠症＞、（2）＜気持ちの落ち込み＞、そして体
の中に原因がある（3）＜冷え性＞の人に効果がある香りとして最も適当なものを、それぞ
れ選びなさい。

（1）＜不眠症＞

不眠の原因はさまざまです。しかし、緊張した心や体を休めるための睡眠は健康に不可欠です。不眠症の人には、鎮静作用が強く、疲れた体を励ましてくれる優しい香りや、樹木の香りがいいでしょう。	→	1　レミマイル 2　トモミン 3　ハッチー 4　カヨラム

（2）＜気持ちの落ち込み＞

失恋や親しい人との別れで心が傷ついたり、仕事で大きなミスをしたりして職場に行くのも嫌になってしまうなど、ショックで気持ちが落ち込んでいるときは、悲しみやつらさでいっぱいの心を優しくなぐさめて、自信を取り戻させてくれる香りがいいでしょう。	→	1　レミマイル 2　トモミン 3　ハッチー 4　カヨラム

（3）＜冷え性＞

冷え性は、手足や腰などの体の特定の部分が不快な冷たさを感じる状態です。血管が縮んで循環すべき血流の量が減少するために起こります。そのため、血液の流れをよくする加温作用のある香りを選ぶといいでしょう。	→	1　レミマイル 2　トモミン 3　ハッチー 4　カヨラム

問題Ⅲ 次の文章を読んで、後の問いに答えなさい。

『夢　2000年が遠い未来だった頃』と題した展覧会を見た。ざっと100年前に、欧米や日本の絵かきたちが「未来」の生活を想像して描いた雑誌のイラスト、絵はがき、広告カードのたぐいが豊富に集められている。

たとえば、超高層化した未来の集合住宅。256階建てで、建物の外側をらせん状に電車が走り、内部には一周400メートルの競技用トラックがある。あるいは、巨大なデパート。ここには劇場、株式取引所、ゴルフ場、病院、学校、天文台、それに空中庭園まで備わり、人びとは飛行船や地下鉄で押し寄せる。

19世紀後半から20世紀初めにかけて、さまざまな発明品が世に出た。ベルの電話、エジソンの蓄音機と白熱電球、電動エレベーター、10階建ての高層建築、ゴム製の空気タイヤ、飛行船、そしてライト兄弟の初飛行。さらにはコッホによる結核菌の発見やアインシュタインの相対性理論。人びとは技術に（　　　　①　　　　）。

だから未来図も確信に満ちていた。一度に何人もの赤ん坊に授乳できる機械もあれば、ダンボみたいに空飛ぶ象も出現する。勉強している子に食事を詰め込む仕掛けが用意され、会社の上司は、部下の仕事ぶりを壁越しに「透視双眼鏡」で点検する、といった具合。

100年後のいま、実現しているものも、夢に終わったものもある。実現した一つは、「有名人の結婚式」か。1895年に描かれた米国のイラストは、友人や親族を押しのけて記者やカメラマンが最前列に陣取っている図なのだ。

展示の前で先人の想像力に感心し、笑いを誘われ、そして、ふと考える。私たちは「100
　　　　②
年後」を想像する活力を持ち合わせているだろうか。科学技術をこれほど無邪気に信頼できるか。なによりわずか一年先のことさえ、よくわからないのではないか、などと。

（朝日新聞1999年12月24日「天声人語」による）

問1　（　　①　　）に入る言葉として、適当なものを選びなさい。

1　突然疑問を持ち始めた

2　満幅の信頼を寄せた

3　極端に振り回された

4　過度に頼りすぎた

問2　②「笑いを誘われ」とあるが、その理由として適当でないものを選びなさい。

1　昔の人が想像したとおりに実現したものもあるから。
2　昔の人も今の人も想像することは同じだから。
3　実現したものと夢に終わったものが一緒に並んでいるから。
4　決して実現しそうもないものも描かれているから。

問3　この文章で筆者が言いたいことはどれか。

1　今は昔に比べて未来に希望が持てない。
2　人間はもっと発明を続けるべきだ。
3　昔の人が想像したことを実現させるべきだ。
4　昔の人のように技術に頼ってはいけない。

問題Ⅳ　次の文章を読んで、後の問いに答えなさい。

〈経済学〉　GDP 対 GNP

　国内総生産は経済内のすべての人々の所得合計である。ところで、「すべての人々」とはだれのことであろうか。外国で働いている自国民は含まれるのであろうか。自国で働いている外国人はどうだろうか。

　こうした問題に答えるために、国内総生産を、よく似た統計量である国民総生産と比較しよう。両者の相違点は次のとおりである。

●国内総生産（GDP, gross domestic product）とは、国内で稼得される所得総額である。それは外国人が国内で得る所得を含むが、自国民が外国で稼得する所得は含まれない。

●国民総生産（GNP, gross national product）とは、国民（すなわち、当該国の居住者）によって稼得される所得総額である。それには自国民が外国で得る所得は含まれるが、外国人が国内で所得する生産要素の所得は含まれない。

　これらの二つの所得の尺度が一致しないのは、人々が稼ぐ国と居住する国とが異なり得るためである。

　例えば、一人の日本国民がニューヨークでアパートを所有しているとしよう。彼が得る家賃はアメリカ国内で稼得されたものであるからアメリカの（　ア　）である。しかし、家主はアメリカ国民ではないから、家賃はアメリカの（　イ　）にはならない。同様にアメリカ国民がハイチに工場を保有していると、彼女が得る利潤はアメリカの（　ウ　）ではあるが、アメリカの（　エ　）ではない。

（Ｎ・グレゴリー・マンキュー『マンキュー　マクロ経済学Ⅰ』による）

問1 上の文章の（ ア ）〜（ エ ）に入る言葉として、最も適当なみ合わせを選びなさい。

1　ア：GNP　　イ：GDP　　ウ：GNP　　エ：GDP

2　ア：GNP　　イ：GNP　　ウ：GDP　　エ：GDP

3　ア：GDP　　イ：GNP　　ウ：GNP　　エ：GDP

4　ア：GDP　　イ：GDP　　ウ：GNP　　エ：GNP

問2 A〜Hは下の図のア〜クに入るものである。A・B・C・Dはア〜クのどこに入るか、最も適当な組み合わせを選びなさい。

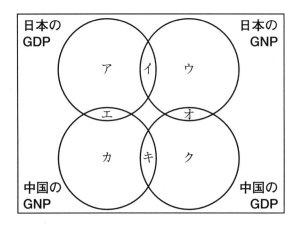

A	中国人が中国であげる利益
B	日本人が中国であげる利益
C	中国人が韓国であげる利益
D	日本人が韓国であげる利益
E	中国人が日本であげる利益
F	日本人が日本であげる利益
G	韓国人が日本であげる利益
H	韓国人が中国であげる利益

1　A：カ　　B：エ　　C：ク　　D：イ

2　A：エ　　B：ア　　C：キ　　D：オ

3　A：ク　　B：エ　　C：オ　　D：ア

4　A：キ　　B：オ　　C：カ　　D：ウ

プレイスメントテスト　自己採点集計

★一目でわかる弱点グラフ

別冊の解答を見ながら自己採点して、それぞれの正答率を書き込んでください。

――― あなたの正答率 ―――

正答数

【文字・語彙】　（　　　　　）問÷ 64 × 100 ＝ [　　　　] ％

【聴　解】　（　　　　　）問÷ 6 × 100 ＝ [　　　　] ％

【文　法】　（　　　　　）問÷ 24 × 100 ＝ [　　　　] ％

【読　解】　（　　　　　）問÷ 13 × 100 ＝ [　　　　] ％

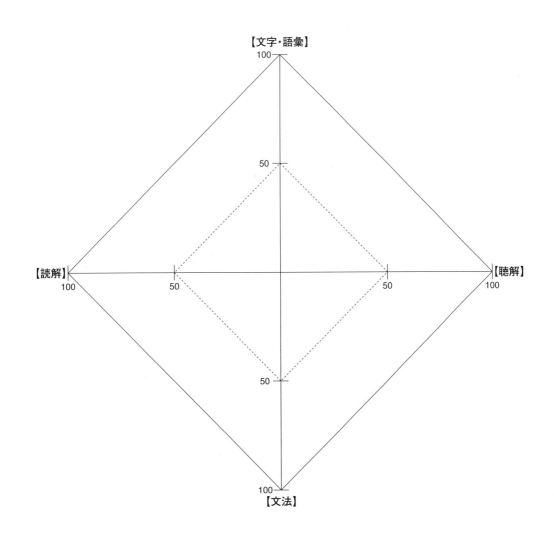

★できなかった問題から「項目別パワーアップ問題」へリンク！

下の表の間違えた問題をチェックし、その「項目別パワーアップ問題」のページへとんでください。

【文字・語彙】

〈問題Ⅰ〉	〈問題Ⅱ〉			
□問1	□(1)	□(2)	□(3) ——→	1. 社会学 (p. 80)
□問2	□(4)	□(5)	□(6) ——→	2. 経済・経営 (p. 82)
□問3	□(7)	□(8)	□(9) ——→	3. 国際関係 (p. 84)
□問4	□(10)	□(11)	□(12) ——→	4. 芸術 (p. 86)
□問5	□(13)	□(14)	□(15) ——→	5. 産業とテクノロジー (p. 88)
□問6	□(16)	□(17)	□(18) ——→	6. 地球と環境 (p. 90)
□問7	□(19)	□(20)	□(21) ——→	7. 情報 (p. 92)
□問8	□(22)	□(23)	□(24) ——→	8. 理工 (p. 94)

【聴解】

□問題Ⅰ ——————————→ 1. 情報を正確に聞きとろう (p. 30)

□問題Ⅱ ——————————→ 2. キーワードを整理しよう (p. 34)

□問題Ⅲ ——————————→ 3. 講義・講演の内容を聞きとろう (p. 38)

□問題Ⅳ ——————————→ 4. 話の内容から類推しよう (p. 41)

【文法】

□(1)	□(4)	□(21) ——→	1. 時 (p. 102)
□(12)	□(15)	□(22) ——→	2. 取り立て (p. 104)
□(2)	□(8)	□(20) ——→	3. 強調 (p. 106)
□(3)	□(13)	□(17) ——→	4. 程度 (p. 108)
□(16)	□(19) ——————→		5. 関係 (p. 110)
□(6)	□(7)	□(23) ——→	6. 断定 (p. 112)
□(9)	□(18)	□(24) ——→	7. 状態・様子 (p. 114)
□(5)	□(10)	□(11)	□(14) ——→ 8. その他 (p. 116)

【読解】

□問題Ⅰ ——————————→ 1. 論説・説明文を読みこなす (p. 46)

□問題Ⅱ ——————————→ 2. 有効な情報を得る (p. 52)

□問題Ⅲ ——————————→ 3. 鑑賞する (p. 56)

□問題Ⅳ ——————————→ 4. アカデミック・ジャパニーズ (p. 61)

PART 2

これで
弱点克服！

項目別パワーアップ問題

〜あなたの実力を確実にレベルアップ〜

Ⅰ 聞きとりの力をアップする！

●「項目別パワーアップ問題」を始めるまえに

「聞きとりの力をアップする！」は以下のような構成となっています。プレイスメントテストでわかった自分の弱いところを重点的に勉強してください。各項目のはじめには、それぞれ準備のための問題（問題番号に＊がついているもの）がいくつか用意されていますので、まず、その問題から始めましょう。様々な話題に加え、機能もたくさん盛り込まれています。一度やってわからなかったら、CDを何度も聞いてください。必ず"パワーアップ"するはずです！

＜項目別パワーアップ問題の内容構成＞

1. 情報を正確に聞きとろう

ここでは、会話や話の中の必要な情報を正確に聞きとる練習をします。また、どの情報が必要で、どの情報が不必要かを的確に判断する力を養います。

- ・名前・住所を聞きとる（日本人の方略に慣れる）＊
- ・グラフを読みとる（頻出語句の確認）＊
- ・ニュースの情報を整理する ＊
- ・情報から場面を類推する
- ・アナウンスから情報を得る

○話題一覧……名前・住所の聞きとり／携帯電話／名所案内／地震のニュース／女性の意識調査／飛行機事故のニュース／駅の緊急アナウンス

2. キーワードを整理しよう

ここでは、会話や話の中のどれがキーワードかを正確に把握する練習をします。また、キーワードを正確に聞きとり、それを整理するためにメモをとる力を養います。

- ・必要事項のメモをとる ＊
- ・工夫してメモをとる ＊
- ・キーワードを聞きとり、特徴を整理する
- ・指摘されている点をキーワードで整理する

○話題一覧……結婚式2次会案内作成／秘書のスケジュール帳／ロボットの表情／高齢者向けサービス／新商品プレゼンテーション

3. 講義・講演の内容を聞きとろう

　ここでは、講義や講演の内容を把握する練習をします。また、そのためにノートをとる力も養います。大学の講義などはこの練習を行えばバッチリです！

・キーワードを整理し、内容を把握する ＊

・必要事項のノートをとる ＊

・インタビューの内容をノートをとって把握する

・講義の内容をノートをとって把握する

○話題一覧……元禄文化／やきものの歴史／終身雇用制／近代合理主義

4. 話の内容から類推しよう

　ここでは、会話のパターンや話の内容から、様々な状況を類推する練習をします。言葉の情報を正確に把握し、状況を頭の中にイメージして、的確に類推する力を養います。

・感情の類推 ＊

・場面の類推 ＊

・人物の類推 ＊

・人間関係の類推 ＊

・ドラマの場面を聞いて、状況等を総合的に類推・把握する

○話題一覧……さまざまな日常場面／告知／ドラマ

確認問題

　ここは、項目別パワーアップ問題の確認です。各項目から確認問題を一つずつ出してありますので、パワーアップしたことを確認してみましょう。

聞きとり力アップの鉄則！

1. 絵の問題は絵の違いをまずチェックしよう。

2. 繰り返し出てくる言葉（＝キーワード）は、必ずメモをとろう。

3. 整理しながらメモやノートをとろう。

4. 何を聞かれているのか、正確に聞きとろう。

5. 場面をイメージできるようにしよう。

Ⅰ　聞きとりの力をアップする！

1. 情報を正確に聞きとろう

■CDを聞いて、それぞれの問いに答えなさい。

問題1 * 🄯Track 6

名前：_____

住所：_____

┌─── **参考** ▶ 知っているものをチェック（✔）しましょう ───┐

よく使われる主な部首の読み方

☐ にんべん（亻）　　　☐ ごんべん（訁）　　　☐ さんずい（氵）

☐ きへん（木）　　　　☐ てへん（扌）　　　　☐ ころもへん（衤）

☐ しめすへん（礻）　　☐ いとへん（糸）　　　☐ わかんむり（冖）

☐ うかんむり（宀）　　☐ くさかんむり（艹）　☐ たけかんむり（𥫗）

☐ なべぶた（亠）　　　☐ しんにょう（辶）

グラフでよく使われる言葉

☐ 移り変わり　　☐ 推移　　☐ 変動　　☐ 動向

☐ 割合　　☐ 率　　☐ 伸び　　☐ 増減　　☐ ～割～分

☐ ～割 に上る／に達する／を占める

☐ ～割 を超える／を上回る／強

☐ ～割 を割る／を下回る／に満たない／足らず／弱／にとどまる

☐ 増える／減る　　☐ 増加する／減少する　　☐ 上昇／下降／低下する

☐ 増減を繰り返す　　☐ 鈍化する／鈍る　　☐ 横ばい　　☐ 伸び悩む　　☐ 逆転する

☐ 徐々に　　☐ ゆるやか　　☐ なだらか　　☐ 大幅に　　☐ 急激に　　☐ うなぎのぼり

☐ がくんと　　☐ 大半　　☐ 多数　　☐ 若干　　☐ わずかに　　☐ 過半数

☐ ～をピークに　　☐ 軒並み　　☐ （～年）を境にして

└──┘

問題 2 ＊　Track 7

（答）	①	②	③	④

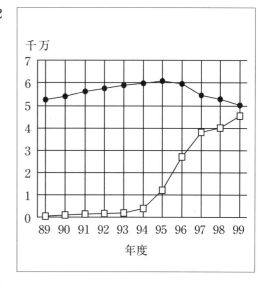□ー 携帯電話　　ー●ー 一般電話

1
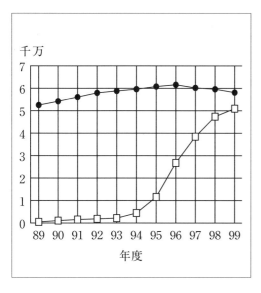

2
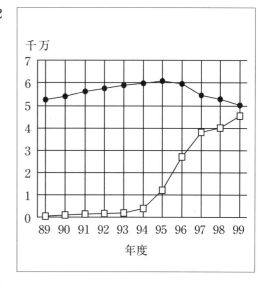

3
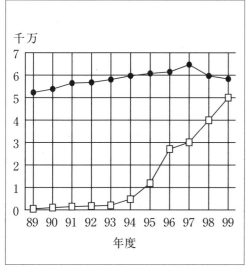

4
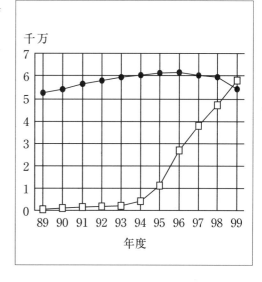

Ⅰ　聞きとりの力をアップする！

31

問題 3 * Track 8

問 1

① い　つ　……………………… _____

② どこで　……………………… _____

③ 何が起こったか　…………… _____

④ それからどうなったか　…… _____

問 2

(答)	①	②	③	④

問題 4 Track 9

(答)	①	②	③	④

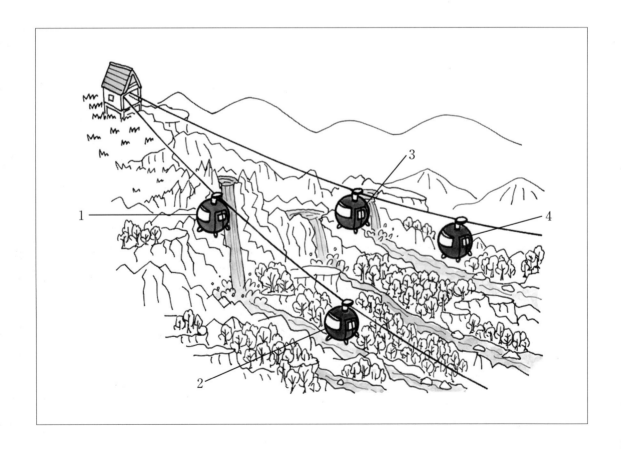

問題 5 Track 10

（答）	①	②	③	④

▦ 女性になりたい　□ 男性になりたい　▬ その他

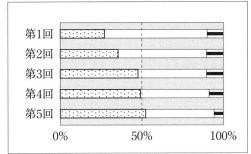

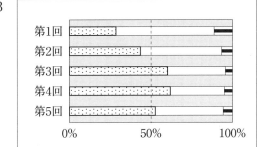

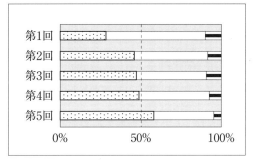

問題 6　Track 11

（答）	①	②	③	④

問題 7　Track 12

（答）	①	②	③	④

I

聞きとりの力をアップする！

2. キーワードを整理しよう

■CDを聞いて、それぞれの問いに答えなさい。

問題1 ＊　🔘Track 13

＊田中君結婚式2次会計画表＊

□日時：10月10日（日）＿＿(1)＿＿：＿＿＿ p.m.～＿＿(2)＿＿：＿＿＿ p.m.

□場所：＿＿＿＿(3)＿＿＿＿＿　　TEL：＿＿＿(4)＿＿ー＿＿＿＿＿

□参加予定人数：約＿＿(5)＿＿人

□予算：＿＿＿(6)＿＿＿円/人（＿＿＿＿(7)＿＿＿＿＿代を含む）

□料理：＿＿＿(8)＿＿＿料理

□その他：カラオケ［有・無］(9)　　ピアノ［有・無］(10)

　　　　　ステージ［有・無］(11)　　ギター［有・無］(12)

問題 2 ＊　例にならって、秘書の手帳に必要事項を埋めなさい。　Track 14

○	**5/** May	
	10 Monday	Schedule
	9:00	
○		例）9:30　　重役会議　　12 階会議室
○	**12:00**	
○	**15:00**	
○	**18:00**	
○		

問題3  Track 15

(1)	①	②	③	④
(2)	①	②	③	④
(3)	①	②	③	④
(4)	①	②	③	④

ロボットの顔

(1) 眉

1 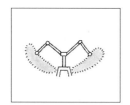　　2 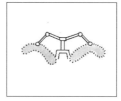　　3 　　4

(2) 耳

1 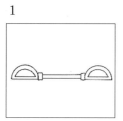　　2 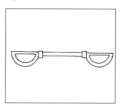　　3 　　4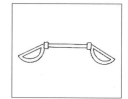

(3) 口

1 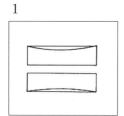　　2 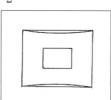　　3 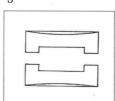　　4

(4) 唇

1 　　2 　　3 　　4

問題4  Track 16

（答）	①	②	③	④

問題5  Track 17

（答）	①	②	③	④

I　聞きとりの力をアップする！

3. 講義・講演の内容を聞きとろう

■CD を聞いて、それぞれの問いに答えなさい。

問題 1 * 🎧Track 18

問1

(答)

(1) 1 げんろくふんか　　2 けんろくぶんか
　　3 げんろっくふんか　　4 げんろくぶんか
　　□

(2) 1 まつどばしょう　　2 まっとばしょ
　　3 まつおばしょう　　4 まつをぱっしょ
　　□

(3) 1 げんしつしき　　2 げんじつしゅぎ
　　3 げじちしゅぎ　　4 けんじつしゅうぎ
　　□

(4) 1 ゆうげんかんじゃく　　2 ゆけんかじゃっく
　　3 ゆげんかんしゃく　　4 ゆうけんかんしゅく
　　□

(5) 1 じょうりり　　2 ちょうるりい
　　3 じょおりい　　4 じょうるり
　　□

問2

(1) かいかする　＿＿＿＿＿＿＿＿＿＿＿＿＿＿＿

(2) はってんする　＿＿＿＿＿＿＿＿＿＿＿＿＿

(3) あいどくする　＿＿＿＿＿＿＿＿＿＿＿＿＿

(4) えがく　＿＿＿＿＿＿＿＿＿＿＿＿＿＿＿＿

(5) ものがたる　＿＿＿＿＿＿＿＿＿＿＿＿＿＿

問3

(答)	①	②	③	④

問4 CDをもう一度聞いて、内容をノートにまとめなさい。

日本の歴史概論	20XX・6・23

●「元禄文化」

問題 2　Track 19

問1	①	②	③	④
問2	①	②	③	④
問3	①	②	③	④

問題 3　Track 20

問1	①	②	③	④
問2	①	②	③	④
問3	①	②	③	④

問題 4　Track 21

(答)	①	②	③	④

4. 話の内容から類推しよう

■CD を聞いて、それぞれの問いに答えなさい。

《感情の類推》 Track 22-24

問題 1	①	②	③	④
問題 2	①	②	③	④
問題 3	①	②	③	④

《場面の類推》 Track 25-26

問題 4	①	②	③	④
問題 5	①	②	③	④

《人物の類推》 Track 27-28

問題 6	①	②	③	④
問題 7	①	②	③	④

《人間関係の類推》 Track 29-34

問題 8		①	②	③	④
問題 9		①	②	③	④
問題 10		①	②	③	④
問題 11	【問 1 】	①	②	③	④
	【問 2 】	①	②	③	④
	【問 3 】	①	②	③	④
問題 12	【問 1 】	①	②	③	④
	【問 2 】	①	②	③	④
	【問 3 】	①	②	③	④
問題 13	【問 1 】	①	②	③	④
	【問 2 】	①	②	③	④
	【問 3 】	①	②	③	④

Ⅰ 聞きとりの力をアップする！

■CDを聞いて、それぞれの問いに答えなさい。

問題Ⅰ　💿**Track 35**

問1	①	②	③	④
問2	①	②	③	④

A

B

問題II Track 36

（答）	①	②	③	④

問題III Track 37

（答）	①	②	③	④

問題IV Track 38

問1	①	②	③	④
問2	①	②	③	④
問3	①	②	③	④
問4	①	②	③	④
問5	①	②	③	④

I　聞きとりの力をアップする！

Ⅱ 読みとりの力をアップする！

● **「項目別パワーアップ問題」を始めるまえに**

　「読みとりの力をアップする！」は以下のような構成になっています。プレイスメントテストでわかった自分の弱い部分はもちろん、いろいろなタイプの文章に接して、日本語を読むことに慣れましょう。

＜項目別パワーアップ問題の内容構成＞

1. 論説・説明文を読みこなす

＊筆者が言いたいことは何か、どうしてそのようなことを言うのかを読みとれるようになることを目標にしています。

＊筆者が言いたいことは何かを考えるために、次の3点に注意して読みましょう。

　・主題……その文章が何について書かれているのか

　・大意……文章全体のだいたいの意味は何か

　・要点……筆者が一番言いたいことは何か

＊筆者がどうしてそのような主張をするのかを考えるためには、キーワードやキーセンテンスから次の3点を推測しながら読みましょう。

　・立場……筆者はどういう立場の人なのか

　・背景……書かれた文章の背景にはどんな問題があるのか

　・展開……これからどうなると考えているのか

2. 有効な情報を得る

＊自分に必要な情報を正しくつかみ、それを利用することができることを目標にしています。

＊次のことに注意し、文章や表に印をつけながら読んでいきましょう。

　・今、必要な情報は何か

　・それは、どこに書かれているか

　・必要でない情報はどれか

3. 鑑賞する

*随筆、短歌などの作品を読んで、その内容を正しく読みとり、作品を味わう力を養うことを目標にしています。

*次のことに注意して読みましょう。
- ・随筆……まず、作者の心情を理解し、そこから一つ一つの言葉や文の「本当の意味」を考える。
- ・短歌……説明文から短歌の特長を理解し、歌の深い意味を読みとる。
- ・小話……擬声語や擬態語の語感にも注意する。

4. アカデミック・ジャパニーズ

*大学入学後に必要とされる日本語能力をはかる問題で、大学1・2年で取る一般教養のレベルに相当する内容です。

*人文系（法学・経済学）と理科系（情報処理、生物学等）の二つの分野に分かれていますが、出典のほとんどは概論、図説、新聞記事なので、その分野の専門知識がなくても解けるようになっています。

*専門的な用語が多くなっていますが、表などを見て問題を考えてみましょう。

確認問題

　ここは、項目別パワーアップ問題の確認です。各項目から問題を一つずつ出してありますので、パワーアップしたことを確認してみましょう。

読みとり力アップの鉄則!

1. まず、筆者の意図を大きくつかもう。
2. キーワード・キーセンテンスにアンダーラインを引こう。
3. 文の流れを整理しながら読もう。
4. 文章と図・グラフの関係を把握しよう。

II　読みとりの力をアップする!

1. 論説・説明文を読みこなす

問題1　次の文章を読んで、後の問いに答えなさい。

　インフォームド・コンセントを「医師の義務」という形で法的な義務にするということについては、いろいろな議論がある。医師の告知義務を肯定した最高裁判決もでているが、インフォームド・コンセントが"常識"となっているアメリカでも反対論はある。それらのいくつかを拾ってみよう。

　その一、（　　　　　　　　①　　　　　　　　）。

　ランクトンらの調査によると、麻酔の危険についてくわしい説明を受けた数十人の約四分の一に相当する十六人が、その説明に驚きを示し、そのうちの三人は、説明を中止して欲しいと申し出た。さらに説明を受けた患者全員が再度同様な手術を受ける場合は二度と説明などして欲しくないと述べたという。

　しかし、ランクトンのデータとはまったく逆の例もある。アルフィディの調査によると、血管造影術にともなう危険性の説明をくわしく受けた八十九パーセントの患者が、説明を受けたことについて好意的、積極的な評価をしていたという。こういうことは「どういういい方で説明したのか」という心理的な面も影響するにちがいないので、一概にはいえないと思うが「説明をしなくてもいい」という根拠は見出せないのではないかと思う。

　その二、（　　　　　　　　②　　　　　　　　）。

　ロビンソンらの調査によると、心臓手術を受ける患者二十人に手術前に詳細な説明を行ない、これをテープに取っておいて、手術後四〜六ヵ月後に再び患者に面接し、手術前に面接して説明した内容をどの程度覚えているかをテストしたが、大多数はほとんど情報を覚えていない。項目別にきいてみても、半分程度か、それ以下しか覚えていなかったという。

　しかし、この調査は、記憶力のテストにはなるが、「だから告知しても意味がない」ということにはならないだろう。四〜六ヵ月も経てば、いくら重要なことでも忘れるのは当然であり、その面からのみとらえるのはいかがなものかと思われる。告知され、説明された時点で、どう理解し、判断したかが問題点なのであって、長い期間覚えているかどうかがバロメーターにはならないだろう。

　その三、（　　　　　　　　③　　　　　　　　）。

　こういう意見は医者の間に多い。ゆっくり説明などをしていたら、待合室にあふれている患者を処理できないというわけである。たしかにこの意見は、日本の医療の現状からみると、そのとおりだが、説明の方法を工夫することによって、短時間でできるのではないかという指摘もある。

（水野肇『インフォームド・コンセント』による、一部改）

問1　（　　①　　）に入れる文として最も適当なものを選びなさい。

1　患者は治療上の危険を知ったほうがいいのではないか

2　患者には治療上の危険を知らせないほうがいいのではないか

3　患者は治療上の危険を知る権利があるのではないか

4　患者は治療上の危険は知りたくないのではないか

問2　（　　②　　）に入れる文として最も適当なものを選びなさい。

1　説明しても情報を理解できない患者がいる

2　説明は意味がないと思う患者がいる

3　情報を覚えようとしない患者がいる

4　情報を忘れてもしかたがないと思う患者がいる

問3　（　　③　　）に入れる文として最も適当なものを選びなさい。

1　インフォームド・コンセントは患者にショックを与えてしまう

2　インフォームド・コンセントをしていると時間がかかりすぎる

3　インフォームド・コンセントには十分な時間をかけるべきだ

4　インフォームド・コンセントは患者とゆっくり話し合うことが大切だ

問4　次のA〜Cの患者の考えを読んで、後の問いに答えなさい。

患者	考　　え
A	手術前の説明を聞いて恐怖を感じたのは確かである。しかし、どのくらいの危険性があるのかを知った上で決定するのは、私たち患者や家族がその医者を信頼するからである。この信頼と安心こそが成功への道となるのだと思う。
B	数ヵ月前にくわしい説明を聞いた気がするが、かなり時間が経過しているので、その時の説明の内容を、今、問われても思い出すのは難しい。また、その時は痛みに耐えかねていたので、一刻も早く治療を受けたいという気持ちが強かった。
C	説明を聞く前から手術は恐ろしいものだと思っていたが、くわしい説明を聞いて恐怖心が一層強くなり、逃げ出したい気持ちになった。恐怖を助長させるような説明は心理的負担が大きくなるので遠慮したい。

(1)　A〜Cの患者はどの調査を受けたのか。最も適当な組み合わせを選びなさい。

　　1　A：ランクトン　　　　B：アルフィディ　　　C：ロビンソン

　　2　A：アルフィディ　　　B：ロビンソン　　　　C：ランクトン

　　3　A：ランクトン　　　　B：ロビンソン　　　　C：アルフィディ

　　4　A：ロビンソン　　　　B：アルフィディ　　　C：ランクトン

（2）インフォームド・コンセントについて積極的評価、消極的評価をしているのはだれか。最も適当なものを選びなさい。

1　AとBが積極的評価で、Cが消極的評価
2　Bが積極的評価で、Aが消極的評価
3　AとCが積極的評価で、Bが消極的評価
4　Aが積極的評価で、Cが消極的評価

問5　次の文章は、筆者の意見をまとめたものです。（　ア　）～（　ウ　）に入る言葉の最も適当な組み合わせを選びなさい。

筆者は「説明しなくてもいい」「告知をしても意味がない」という意見には（　ア　）である。ランクトンやアルフィディらの調査に対しては医者の（　イ　）によっては違う結果が出るであろうし、ロビンソンらの調査に対しては（　ウ　）だけでは説明を理解したかどうかを判定することはできないであろうと言っている。

1　ア：好意的　　　イ：見方　　　　ウ：記憶力
2　ア：好意的　　　イ：いい方　　　ウ：告知
3　ア：批判的　　　イ：いい方　　　ウ：記憶力
4　ア：批判的　　　イ：見方　　　　ウ：告知

問題2　次のインタビュー記事を読んで、後の問いに答えなさい。

イ（インタビュアー）　初めに、認知科学とはどのような学問なのか、そこからお話しいただけますか。

A　認知科学は比較的新しい学問の領域で、分りやすく言うと「人間のマインドを研究する学問」となります。"マインド"を"こころ"と訳すと心理学の一領域と受け取られてしまうのですが、見る、聞く、学ぶ、理解するといった人間の"マインド"の働きをいろいろな方向から明らかにしようというものです。ですから認知科学では、心理学、教育学、哲学、言語学、脳神経科学、コンピュータ・サイエンスなどいろいろな分野の研究者が集まっています。

イ　認知科学の研究にコンピュータ・サイエンスが入っているのは興味深いですね。

A　そうですね。認知科学の発展にコンピュータが寄与したところは大きかったと思います。人
①
間の"マインド"がどんな風になっているのか、コンピュータでモデルをプログラミングし、それをシミュレートすることができます。その応用として、例えば鉄腕アトムのようなロボットを作り出そうと、人工知能の研究が盛んに行われています。ただ、認知科学で分かってきたことは、人工知能にもやはり限界があるということです。あらためて、人間の"かしこさ"を思い知らされることになりました。

イ　人間とロボットでは"かしこさ"の質が違うということですか。

A　そうです。ロボットにいくらたくさんの知識をデータとして詰め込み、人間のルールを記号化して教え込んでも、人間と同じ"かしこさ"を持つというわけではないんです。その逆も同じです。例えば、子どもたちにたくさんの知識を詰め込んだからといって、その子が"かしこくなる"とは限らない。人間の"かしこさ"は、単に外からの知識を蓄積するだけではなく、自ら知識を生成することによってもつくられます。そう考えると、今の学校教育、特に日本のような教育が果たしてよいのか、疑問ですよね。私も含めて認知科学者の間では、そういった日本の学校教育のあり方を見直そうという動きが起こっています。

イ　認知科学がコンピュータによって発展したというお話がありましたが、最近は学校でもコンピュータを導入するところが増えていますね。コンピュータによって、先生の教え方とかカリキュラムもずいぶん変ってきたのではないでしょうか。

A　学校教育では新しいテクノロジーが出てくると、それを使って何かを"しなければならない"という発想が先に立つようです。そこから「コンピュータ教育」が開設され、操作法を学ぶカリキュラムになってしまう。結局、詰め込み教育なのですが、私は、そうではなく、せっかく最先端のテクノロジーが詰まったコンピュータがあるのだから、それを使って今まで"道具"がなくてできなかった教育を行うべきだと考えています。

イ　例えばどのようなものですか。

A　一つは「考える」ための"道具"としてコンピュータを使う。私たちは頭を使ってものを考えますが、いろいろなアイデアが湧いて混乱してしまったとき、それをノートでも紙切れでも書き出し、エディット（編集）することで整理がつきますね。認知科学ではそれを思考の「外化（externalization）」と言うのですが、この作業をコンピュータを使って繰り返すことで、アイデアはよりブラッシュアップされます。もう一つは、「表現する」ための"道具"としてです。CGアートであるとかMIDIの装置を使った音楽であるとか、今では芸術の分野で広く取り入れられていますね。コンピュータは人間のクリエイティブな活動や学習を触発すると思います。そしてもう一つ、私はこれが一番大事だと思うのですが、「コミュニケートする」ための"道具"としてです。今まで日本の学校では、ふつう職員室に電話が一つしかなかったんです。教室に電話があるなんてもってのほか。つまり、学校は外の世界から遮断されたクローズドな空間でした。それが今ではインターネットを介して、隣町を飛び越えていきなり世界とコミュニケーションがとれる。今まで自分たちの中で当たり前とされていた価値観や常識とは全く異なったものの見方、考え方に触れることで、多様性の認識につながります。

（日本テレコム「はーとびーと」1999年11月号による、一部改）

問1 ①「認知科学の発展にコンピュータが寄与した」とあるが、寄与した理由として最も適当なものを選びなさい。

コンピュータで
1　鉄腕アトムのようなロボットを作り出すことができるから。
2　人間と同じ知能を作ることができるから。
3　人間のマインドのモデルをプログラミングし、シミュレートできるから。
4　人工知能の研究の限界を知ることができるから。

問2 Aさんが考える人間とロボットの②「かしこさ」の違いとは、どのようなことか。

人間は
1　ルールを記号化することができること
2　知識をデータとして持っていること
3　知識を蓄積することができること
4　自分で知識を作り上げることができること

問3 ③「日本の学校教育のあり方を見直そうという動き」が起きた背景としてどのような批判があると考えられるか。

1　暗記ばかりさせる詰め込み教育に対する批判
2　記憶力の低下している子どもが増えていることに対する批判
3　人間がロボットのかしこさに追い越されそうな現実に対する批判
4　知識の蓄積方法を教えない学校教育に対する批判

問4 Aさんが言っている④「今まで"道具"がなくてできなかった教育」とはどのような教育か。

1　コンピュータの操作方法を学ぶ教育
2　考え、表現し、コミュニケートする教育
3　最先端のテクノロジーを習得する教育
4　効率よく知識を詰め込む教育

問5 下の表は、コンピュータを取り入れる利点として適当なものには○、適当でないものには×を書き込んだものです。1〜4のうち、○・×の正しい組み合わせを選びなさい。

コンピュータを取り入れる利点	1	2	3	4
いろいろなアイデアがよりすぐれたものになる	○	○	×	×
私たちの頭のかわりに考える作業を行ってくれる	×	○	×	○
ノートや紙きれに書いたものが整理できる	×	×	○	○
人間の内にある創造性に刺激を与える	○	×	○	×
自分とは違った考えを持つ人がいることを知る	○	×	×	○
学校に電話を設置する必要がなくなる	×	○	○	×

問6　Aさんはどのような立場の人と考えることができるか。最も適当なものを選びなさい。

　　1　学校で利用されるコンピュータ開発に携わっている人
　　2　子どもでも簡単に操作できるコンピュータを開発している人
　　3　コンピュータを使った新しい学校教育のあり方を研究している人
　　4　人間と同じかしこさを持つロボットを作る研究をしている人

2. 有効な情報を得る

問題1　次の文章を読んで、後の問いに答えなさい。

「消費期限と賞味期限」

　これまで、加工食品には、製造年月日が表示されていました。今では、事業者が責任をもって、いつまで安全に、またはいつまでおいしく食べられるかという期限を示す「期限表示制度」に変わっています。期限表示制度は、食品の封を開けない状態で、表示されている保存方法で保存された場合を前提としています。

　期限設定の基準は、特に食品衛生法などでの定めはなく、同じ食品でも事業者の工程や管理方法で異なるため、メーカーごとに検討し、科学的根拠を持って決めていくようにとの厚生省指導になっています。

　消費期限が表示されている食品（日保ちがおおむね5日以内のもの）は、「消費期限」内に食べるようにしましょう。消費期限が過ぎると、急速に品質の劣化が始まります。食べてしまった場合、お腹をこわしたり、食中毒をおこす危険性もあります。日保ちの短い商品は、必要な分だけを必要なときに買うことが、廃棄をなくすコツです。

　賞味期限（品質保持期限）が表示されている食品は、表示を確認して購入し、おいしい時期においしく食べるのがベターです。期限が過ぎてもすぐに食べられなくなることはありませんので廃棄せず、十分注意しながら早い時期に食べきる工夫もしましょう。

「消費期限」「賞味期限」の定義

用　語	分　類	表示方法	定　義
消費期限	品質が急速に変化しやすく、製造後速やかに消費すべき商品で、日保ちがおおむね5日以内のもの	年　　月　　日	容器包装の開かれていない製品が、表示された保存方法に従って保存された場合に、摂取可能であると期待される品質を有すると認められる期限
賞味期限又は品質保持期限	製造から賞味期限（品質保持期限）の期間が3か月以内のもの	年　　月　　日	容器包装の開かれていない製品が、表示された保存方法に従って保存された場合に、その製品として期待されるすべての品質特性を十分保持しうると認められる期限
	製造から賞味期限（品質保持期限）の期間が3か月を超えるもの	年　　月 （年月日も可）	

（東京都生活文化局消費生活部「グリーンコンシューマー東京」第6号［1999年12月］による）

問1　次の４つのうち適当でないものを選びなさい。

1　加工食品には、以前は製造年月日が書かれていたが、現在は消費期限や賞味期限が表示されている。

2　「期限」の決め方は、厚生省が食品ごとに定めている。

3　同じ食品でも製造方法が違えば、消費期限・賞味期限が異なる。

4　保存方法が適切でなければ、期限表示は消費のめやすにならない。

問2　「賞味期限」の説明として正しいものを選びなさい。

1　日保ちの短い商品につけられる期限表示。

2　おいしく食べられる期限を示す。

3　かならず年月日が書かれている。

4　品質保持期限が３か月以内のものにつけられる。

問3　家の冷蔵庫に、「消費期限2000年１月20日」と表示された食品がある。今日が2000年１月23日だとして正しいものを選びなさい。

1　十分に熱を通せば、食べてもよい。

2　あと２日は保存できる。

3　食中毒をおこす可能性があるので、廃棄したほうがよい。

4　開封してあれば、廃棄したほうがよい。

問題2　次の文章を読んで、後の問いに答えなさい。答えは、１・２・３・４から最も適当なものを一つ選びなさい。

　日本では、学生が就職活動をする際、会社に資料を請求すると、資料とともに「応募はがき」が送られてくるのが一般的です。学生は、このはがきに自分の専攻、特技、希望、志望理由などを記入して、会社に返送します。これは、会社が学生の能力・適性などを見るうえで重要な判断材料となります。

　応募はがきを書くときの注意点には、次のようなものがあります。

①氏名：「ふりがな」はひらがなで、「フリガナ」はカタカナで書く。

②住所・電話番号：住所は郵便番号ではじまり、都道府県、市町村、番地、アパート・マンション名、部屋番号まで省略せず正確に記入。

③大学名：現在在籍している大学名、および出身大学名を記入。略さず、正式名を書く。

④資格・免許：応募先の会社や職種に関係なく、自分の持っているすべてを記入。

⑤趣味・特技：絶対に「競馬」などのギャンブル行為は書かないこと。

⑥希望職種：その会社の部署、または具体的な仕事内容（「営業」など）を書く。

⑦志望理由：応募はがきの中で最も重要な部分です。応募した熱意を相手に伝えるのはここの内容次第。自分の意欲が伝わるよう、選んだ理由やどういう仕事がしたいかといった点を自分の言葉で具体的に記入することが大切です。

　　よく志望理由の欄に「貴社の業務が自己の性格に最適」とか、「貴社の将来性」などの決まり文句を書く人がいますが、それは自己アピールでもなんでもなく、採用担当者の目にも止まりません。

⑧自己ＰＲ・大学時代に打ち込んだこと：大学時代に打ちこんだことというと、サークルやアルバイトの話が多いようです。採用担当者はこれらの話題に飽き飽きしているとも言われますが、それは量の問題ではなく、「サークル活動で人間関係を学びました」「部長をしていたので責任感や協調性があります」といったマニュアルどおりの話を展開する学生があまりに多いことにうんざりしているのです。

　　採用担当者は決してサークルやアルバイトの内容や役職名を聞きたいわけではありません。その学生がサークルやアルバイトを通じて、どんなことを学んだのか、トラブルなどが生じた時に、どのように考え、行動したのか、などのエピソードを通して、働くあなたをイメージしたいのです。

　　ですから活動内容を具体的に話すこと、その中で自分の果たした役割、身につけた協調性、意欲などを強調するようにしてください。

問い　次のページの１〜４は、ある会社に来た応募はがきです。これを見て、問いに答えなさい。

(1) 注意点①〜⑧を守って記入した人はだれか。

　　１　鈴木さん　　　２　佐藤さん　　　３　松下さん　　　４　山本さん

(2) 「志望理由・自己ＰＲ」の内容について、採用担当者の評価が最も高いと思われるものはだれの応募はがきか。

　　１　鈴木さん　　　２　佐藤さん　　　３　松下さん　　　４　山本さん

1

			2001 年 11 月 21 日
フリガナ スズキ		イチロウ	
氏　鈴　木		名　一　郎	

現住所	〒123-0023　東京都港区芝浦 4丁目5番4号永田荘8号室
電話番号	03-3435-2759
Eメール	suzuki_ichiro@times.com
大学名	東京大学
専攻	経済学部経済学科
卒業（予定）	2002 年 3 月
資格	第二種情報処理技術者
趣味・特技	バンド・スキューバダイビング
希望職種	（　営業　・　企画　）

志望理由・自己PR

　これからは情報産業の時代だと考えこの業界を選択しました。
　なかでもコンピュータ・ソフトの業界は、ここ数年注目をあび続けており、今後ますます伸びる将来性のある職種だと思います。
　そういう会社で、自分の能力を思いきり伸ばせたらと思って御社を志望しました。

2

			2001 年 11 月 21 日
フリガナ サトウ		ショウコ	
氏　佐　藤		名　昌　子	

現住所	〒132-0003　東京都北区王子 1丁目5番10号王子ハイツ204
電話番号	03-3285-6451
Eメール	sato_shoko@times.or.jp
大学名	東大
専攻	国文
卒業（予定）	2002 年 3 月
資格	中学校・高等学校教諭1種免許状（国語）
趣味・特技	音楽鑑賞・読書
希望職種	（　　開発　　）

志望理由・自己PR

　私のセールスポイントは、こつこつ努力する忍耐強さと、几帳面な性格ということです。
　かつて入力作業のアルバイトをしたことがあり、多くの友達は「単調すぎる」と途中で辞めていきましたが、私は最後まで楽しく丁寧に仕上げました。
　プログラムをつくる仕事は根気を要すると思いますが、私にあっていると思います。

3

			2001 年 11 月 21 日
フリガナ まつした		たかし	
氏　松　下		名　崇	

現住所	〒145-0123　東京都品川区 小山2丁目19番5号
電話番号	03-3939-2315
Eメール	matsushita@times.com
大学名	東京大学
専攻	経済学部経営学科
卒業（予定）	2002 年 3 月
資格	英検1級
趣味・特技	パチンコ
希望職種	（　国際業務部　）

志望理由・自己PR

　私は協調性があり、リーダーシップをとっていく性格だと思います。
　サークル活動は演劇部で部長を務め、みなで一致団結してよりよい劇を作り上げられるよう努力してきました。
　この経験は、きっと御社のお役に立てることと思います。

4

			2001 年 11 月 21 日
フリガナ ヤマモト		カズミ	
氏　山　本		名　一美	

現住所	〒123-4567　東京都大田区 田園調布2-10-8-402
電話番号	03-3659-1122
Eメール	kazumi@times.ne.jp
大学名	東京大学
専攻	教育学部
卒業（予定）	2002 年 3 月
資格	簿記検定2級
趣味・特技	バスケットボール・書道
希望職種	（　　人事部　　）

志望理由・自己PR

　大学の学園祭では実行委員の一人として、会場の設営など各担当者と粘り強く交渉を重ね、かなり無理をきいてもらいました。
　また、自分たちのやった仕事を整理して記録に残し、今後の後輩たちの役に立つようにマニュアルも作りました。
　このような几帳面で粘り強い性格を生かして仕事に取り組んでいきたいと思います。

II　読みとりの力をアップする！

3. 鑑賞する

問題 1　次の文章を読んで、後の問いに答えなさい。

　最近、戦争を美化する向きがある。しかし、と思う。

　先日の「声」欄に、中国に住む日本人女性Ａさん（87歳）の寂しい野辺送りのさまが、投稿で載った。以前に同じ欄で、「病床で桜思い歌う残留婦人」と紹介された女性である。

　敗戦で、中国に残された女性のなかには、日中それぞれの家族の事情などから、日本に帰れない人々がいる。

　私自身はＡさんに会ったことはない。ただ、以前に取材で訪れた中国東北部で、似た境遇の女性たちに会った。あらためて、その一人ひとりの顔が思い出される。

　長野県出身の婦人は白髪交じりの髪をひっつめた、細面の人だった。辺境の村からバスと徒歩で数時間かけて会いに来てくれた。途中、洪水で道が遮られ、腰まで水につかって渡ってきた、と言った。敗戦の（　　①　　）のなか中国人男性のもとに嫁いだ。帰国希望の手紙に、長野の実家からは、「あきらめて」と、生活の苦しさをにじませた返事が来た。それでも、と一筋の思いで日本人記者に会いに来たのだ。

　ふくよかな笑顔をしたおばあちゃんは、奥地の農家で子や孫と一緒に、私を待っていた。

　「日本語を忘れてしまって」と恥ずかしそうに言う。正確で美しい日本語だった。「この子たちもいて、幸せ、ですよ。日本に帰ろうとは、思いません」。心配げに見守る中国人のお嫁さんたちに囲まれて、一言ずつ語った。

　開拓団の一員だったという別の婦人は、私を近くの畑地へ連れていった。中国東北部らしいなだらかな丘を指さす。

　「ね、あの丘なの、富士山にそっくりでしょ」

　少しも似ていない。それが、私にはつらかった。

（「あれが富士山」朝日新聞1999年12月4日夕刊「窓」欄による、一部改）

問 1　（　　①　　）に入る言葉として、最も適当なものを選びなさい。

1　希望
2　責任
3　混乱
4　欲望

問2　②「あきらめて」とあるが、何をあきらめるのか。

1　日本の恋人と結婚すること
2　実家から生活費を送ってもらうこと
3　日本の家族が中国に来ること
4　日本の故郷に帰ること

問3　③「一筋の思い」とあるが、どんな思いか。

1　日本の新聞に自分のことを書いてほしい。
2　日本や日本人とつながりを持ちたい。
3　日本語を忘れないように、記者と話したい。
4　日本の記者に家族を紹介したい。

問4　④「私にはつらかった」とあるが、何がつらかったのか。

1　婦人が、富士山の形さえ忘れてしまったこと
2　婦人の考えを否定しなければならないこと
3　その丘が、富士山とまったく似ていないこと
4　婦人が日本を非常に懐かしんでいること

問5　筆者は、戦争についてどう考えているか。適当でないものを選びなさい。

1　戦争を思い出してはいけない。
2　戦争を忘れてはいけない。
3　戦争を美しい記憶にしてはいけない。
4　戦争を反省しなくてはいけない。

問題2　次の文章を読んで、後の問いに答えなさい。

　枕詞と序詞という修辞について、抱いた第一印象は「もったいない」だった。いっぽう同じ修辞技法の一つである掛詞と本歌取りのことを聞いたときには「おお、これは得だ」と思った。
①

　掛詞とは、一つの言葉に二つの意味が掛けられているもので、たとえば「ながめ」に「長雨」と「眺め」の両方の意味を持たせる、といった具合。

　　　花の色はうつりにけりないたづらにわが身世にふるながめせしまに　　小野小町（『古今集』春下）

　掛詞といえばこの歌、というくらい有名な一首だが、「ながめ」とともに「ふる」には、「（世に）経る」と「（長雨が）降る」が掛けられている。

　「長雨－降る」ラインで訳すと「桜の花の色は、早くも移ろってしまった。いたづらに長雨が降っている間に……」となり、「眺め－経る」ラインだと「（　　②　　）も衰えてしまった。ぼんやりと無駄なもの思いにふけっているあいだに……」となる。

　もちろん、この二つのラインは、くっきりと分かれているわけではなく、二本の紐が螺旋状にからまりあって一本になっているような感じである。その一本の紐が、この一首なのだ。桜の花のはかなさと、女のためいきとが重ねられ、紐は互いのイメージを広げあう。

　「一粒で二度おいしい」というキャラメルがあったけれど、掛詞とは「一言で二度おいしい」言葉なのである。短歌の場合、三十一文字と限られているので、そのおいしさはひときわとも言えるだろう。

　　　　　　　　　　　　　　　　　　　　　　　　　　　（俵万智『短歌をよむ』による）

問1　①「これは得だ」と思ったのはなぜか。適当でないものを選びなさい。

　1　文字数の少なさを補うことができるから。
　2　一つの言葉が二つの意味を持つことになるから。
　3　二つの意味の流れが互いにイメージを広げあうから。
　4　二つのラインが最後には一本になり、歌の意味をはっきりさせるから。

問2　（　　②　　）にはどのような意味の言葉が入るか。適当なものを選びなさい。

　1　日本の国力
　2　自分の美しさ
　3　恋人に対する愛情
　4　自分の家の経済状態

問題3　次の文章を読んで、後の問いに答えなさい。

　　A氏は非常に鋭敏な神経の持ち主だった。

　　ある夜、いつもより早く寝床に就いた。

　　雨戸を通して、庭の木の葉がハラリと落ちる音が聞こえてきた。
　　　　　　　　　　　　　　　①

　　やがて落葉を何者かが踏みしめる音。

「ヒタ、ヒタ、ヒタ……」

　　A氏はガバッと跳ね起きて叫んだ。

「だれだっ！」

　　庭に出てみると、だれもいなかった。

　　あくる夜。

　　また木の葉がハラリと落ちて、何者かの足音が、

「ヒタ、ヒタ、ヒタ……」

　　Aはまた跳ね起きて叫んだ。

「だれだっ！」

　　やはり、だれもいなかった。

　　それからというものは、毎晩のように、

「ヒタ、ヒタ、ヒタ……」

　　Aはすっかり怯えてしまって、警察に助けを求めた。

　　その夜から、庭に刑事が張り込んだ。

　　にもかかわらず、

「ヒタ、ヒタ、ヒタ……」

　　という音はやまなかった。

　　A氏はとうとうノイローゼになって、入院してしまった。

　　当の刑事は、署に戻ると上司に張り込みの結果を報告した。

「犯人は秋でした」

「秋？」

「はあ、秋の忍び寄る音でした」

　　　　　　（砂川しげひさ「ヒタ、ヒタ、ヒタ」文藝春秋編『とっておきのいい話』による）

問1　①「ハラリ」という言葉から感じられる感覚はどれか。最も適当なものを選びなさい。

　　1　軽さと少なさ

　　2　軽さと多さ

　　3　重さと少なさ

　　4　重さと多さ

問2 「ヒタ、ヒタ、ヒタ」という言葉は、足音のほかにはどんなものの表現に使われるか。最も適当なものを選びなさい。

1　風
2　波
3　火
4　雪

問3 この文章から、日本の秋はどのように始まると考えられるか。最も適当なものを選びなさい。

1　驚くほど突然に
2　恐怖を感じるほど不気味に
3　だれも気がつかないほど、静かにゆっくりと
4　木の葉の音や足音を立てて、人の眠りを妨げるほどにぎやかに

4. アカデミック・ジャパニーズ

問題1　次の文章を読んで、後の問いに答えなさい。

〈法学〉宇宙空間に関する国際法

　1957年に最初の人工衛星が打ち上げられて以来、宇宙活動は急速に展開してきた。すなわち、科学的調査研究を目的とした活動だけでなく、通信衛星や放送衛星の打ち上げなど実用目的の活動が活発になり、さらには兵器の宇宙空間への配備など軍事目的の活動も行われている。この状況に応じて、国際法による宇宙活動の法的規制も比較的短期間のうちに進んできた。以下の表は宇宙法関係主要条約の一部である。

条約名	内容
月その他の天体を含む宇宙空間の探査および利用における国家活動を律する原則に関する条約（1967）	宇宙活動の基本原則を規定：探査と利用の自由・平等、領有の禁止、国際協力、他国利益の尊重、平和利用
宇宙物体により引き起こされる損害についての国際的責任に関する条約（1972）	宇宙物体が地球表面または飛行中の航空機に与えた損害につき、打ち上げ国は無過失・完全賠償責任を負う
月その他天体における国家活動を律する条約（1979）	天体は領有を禁止されるだけでなく、その天然資源も所有の対象とはならない。天体の利用、開発には人類の共同遺産の原則が適用される。

(西井正弘編『図説 国際法』による、一部改)

問1　次のA〜Gについて、宇宙法の条約に反するものと反さないもので最も適当な組み合わせを1〜4の中から選びなさい。

A　中国の衛星が打ち上げに失敗し、韓国の飛行機に破片がぶつかった場合は、事故なので中国には一切責任がない。

B　アメリカが一番に金星の新しい資源を見つけたので、その資源の権利はアメリカにある。

C　日本がアメリカの宇宙ステーションを、研究のため借りられる。

D　木星の調査の目的で、木星に近い火星に日本の土地を確保する。

E　土星に最初についたイギリスが、後からきた他の国に対して、土星に立ち寄るたびに停泊料金をとる。

F　ヨーロッパ共同体が共同で木星の資源を分割、売買する。

G　ロシアの宇宙衛星が故障してハワイの民家に墜落したので、ロシアが謝罪し、お金を支払った。

	反する	反さない
1	A C D E F	B G
2	B C D E	A F G
3	B D E F	A C G
4	A B D E F	C G

問2 次の図を見て、ア・イ・ウのそれぞれがA～Eのどの結果に行き着くか、最も適当な組み合わせを選びなさい。

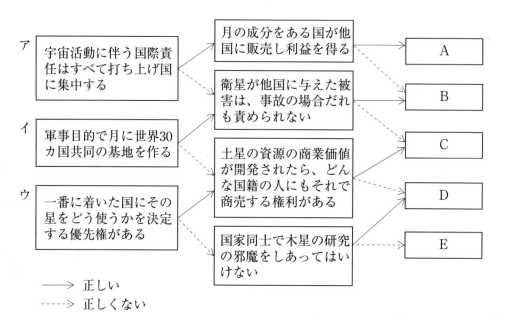

1 ア：A　　イ：B　　ウ：D

2 ア：C　　イ：D　　ウ：E

3 ア：B　　イ：D　　ウ：C

4 ア：B　　イ：C　　ウ：D

問題2　次の文章を読んで、後の問いに答えなさい。

〈経済〉市場メカニズム

　一つの経済は無数の個別経済主体の集合体として把握されます。これら経済主体は通常、家計（household）と企業（firm）に分類され、それぞれ次のような経済活動を分担し実行しています。まず、家計は消費者の役割を果たし、財・サービスを購入します。企業は生産者として家計に対しこれら財・サービスを供給するのです。また他方では、家計は企業に対して生産要素（factor）を売り、企業はその際買手の役割にまわります。これらの経済活動は市場をとおして相互に結びつけられています。こうして無数の経済主体は市場における取引によって相互に関連しあい、全体としての経済を有機的に構成しているのです。市場メカニズムとは、このような家計と企業の間で行われる相互作用にほかならないといえます。

（浅野克巳・荒木勝啓・浅田統一郎『エコノミックス』による）

問1　次の1〜4のうち、上の文章と一致する図はどれか。

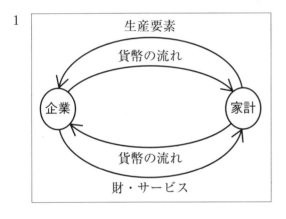

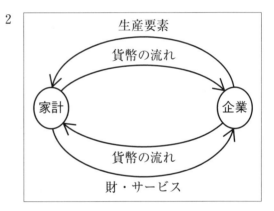

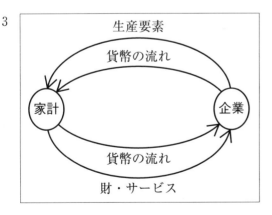

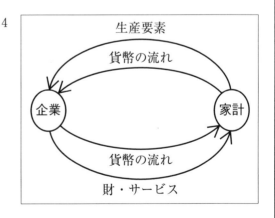

問2 次の文の（　ア　）～（　オ　）に入る言葉は下のA～Iのどれか。最も適当な組み合わせを選びなさい。

　われわれ消費者は市場価格を「バロメーター」として、日常生活に必要な（　ア　）の購入量を決定します。その結果、各種の財の市場価格と（　イ　）量との関係が「需要関数」として市場に表されます。一方、企業も（　ウ　）をバロメーターとして財の（　エ　）を決定するのです。その結果は、それぞれの財の供給関数として表されます。

A　需要	B　供給	C　生産要素	D　財・サービス	E　生産量
F　販売量	G　流通量	H　価格	I　税	

1　ア：C　　イ：A　　ウ：I　　エ：F

2　ア：D　　イ：B　　ウ：I　　エ：F

3　ア：D　　イ：A　　ウ：H　　エ：E

4　ア：D　　イ：B　　ウ：H　　エ：G

問題3　次の文章を読んで、後の問いに答えなさい。

〈情報処理〉流れ図

　下の表はコンピューターでプログラムを作る時の処理手順を示すための記号で、この記号を使って流れ図（フローチャート）を作る。

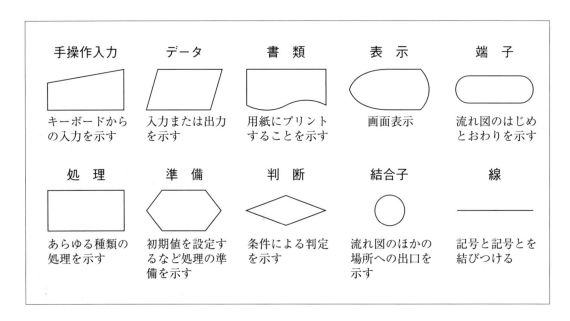

64

では、三角形の面積を出すプログラムを作るとしよう。まずはじめに底辺（A）、高さ（H）をコンピュータに入力する。次に三角形の面積の公式である、A×H÷2＝S（面積）を求める。それが処理できたら底辺（A）、高さ（H）、面積（S）を出力すれば、三角形の面積の出し方のプログラム作りは終了である。　　　　　　（参考：渡辺敏充・野村康一ほか『情報処理I　BASIC・新訂版』）

問1　上の説明を参考に、三角形の面積を出す手順として最も適当な流れ図を選びなさい。

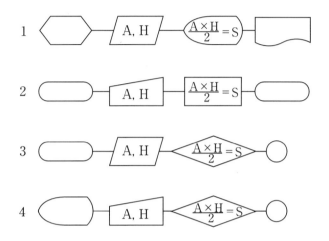

問2　次の処理手順からどんな計算が可能か。最も適当なものを選びなさい。

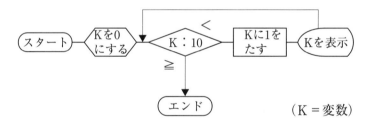

（K＝変数）

1　四捨五入をする　　　　　　　　2　10進法とそうでないものを区別する

3　両手の指で10数える　　　　　　4　10％以下の確率を切り捨てて0にする

問題4　次の文章を読んで、後の問いに答えなさい。

〈環境問題〉ダイオキシン問題

　ダイオキシン類が発生する施設として、日本では焼却場が大きな問題になっています。いろいろなゴミが燃える過程でダイオキシン類が発生してしまうのです。わたしたちの身のまわりにある化学工業製品は、塩素をたくさんふくんでいるため、それがゴミになって燃やされると、ダイオキシン類がつくられるもとになる塩化ベンゼンができてしまいます。

　塩ビをふくんだプラスチックを燃やした灰を分析してみると、灰のなかに、ダイオキシン、ポリ塩化ジベンゾフラン、コプラナーPCBをふくむさまざまなダイオキシン類ができることがわかっています。図のように石油コークス、塩素化合物、四塩化炭素、農薬のDDT、たばこ、木材の油状の成分（リグニン）、石炭、塩ビ製品など、いろいろな物質が燃えるとベンゼン環ができて、そこに塩素がくっつくと塩化ベンゼンができます。塩化ベンゼンが二個くっついてPCB（コプラナーPCBをふくむ）になり、さらにポリ塩化ジベンゾフランができます。

　いっぽう、塩化ベンゼンが酸化されることによって塩化フェノールがつくられ、塩化フェノールが二個くっつくとダイオキシンができます。塩化ジフェニルエーテルのように、まんなかに酸素が入っても、ポリ塩化ジベンゾフランができるのです。_____。

（宮田秀明『宮田秀明の「ダイオキシン」問題Q&A』による）

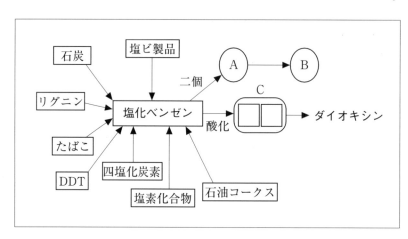

問1　図中のA・B・Cに入る最も適当なものをそれぞれ選びなさい。

A：1　塩化ジフェニルエーテル　　2　PCB
　　3　ポリ塩化ジベンゾフラン　　4　塩化フェノール
B：1　塩化ジフェニルエーテル　　2　PCB
　　3　ポリ塩化ジベンゾフラン　　4　塩化フェノール
C：1　塩化ジフェニルエーテル　　2　PCB
　　3　ポリ塩化ジベンゾフラン　　4　塩化フェノール

問2 _____に入る結論として、最も適当なものを選びなさい。

1 塩素をふくむものを燃やすと、ダイオキシンが発生する時も発生しない時もあるのです。

2 塩素をふくむとふくまざるとにかかわらず、物を燃やすとダイオキシン類が発生するのです。

3 塩素をふくむものを燃やすと、かならずダイオキシン類が発生するのです。

4 塩素がふくまれていなければ、何を燃やしてもダイオキシン発生の心配はないのです。

Ⅱ 読みとりの力をアップする!

問題Ⅰ　次の４つの批評を読んで、後の問いに答えなさい。

A

　整理されたメロディーに、だれもが一度は経験のある感情を描いた詞。彼らはそれをニューミュージックの手法で融合させ、ロック本来の毒を薄めて伝わりやすくしている。

　ビジネスとして成功させる点で、よく練られたシステムが彼らを支えている。例えば四人それぞれの個性を表に出して、各自の確立された個性をアピールしていくという、SMAPにも近い露出方法を取り、それがグループに還元されて成功への道を作ったのだ。

　しかし、ライブ会場が巨大化し、ライブの本数が減ると、活動の流れが停滞しやすい。バンドは格闘技と同じで、常にぶつかり合っていないと予想もしなかったけがをすることもある。

　彼らは"ジャパニーズ・ドリーム"を体現し、そのスタイルで日本の定番になった。
①
だからこそ、彼らは強いのだ。

B

　GLAYの曲は、今のカラオケ世代に合っていて覚えやすい。新曲も期待を裏切らず、「GLAYはこうだよね」と安心できる。ロックだけど、バリバリじゃないから広い層に受け入れられる。かつてのボウイのように親しみやすい。

　だけど逆に言えば、「何か聴いたことがあるような……」という曲が多い。私はアーティストに刺激を求める方なので、GLAYにも「え、こんな音を出すの？」と、裏切ってほしい。

　ライブも、大勢を集めてやるだけでなく、見る人をあっと驚かせるような新しい展開を見たい。

　今は「周りが聴いているからGLAYを聴く」という人も多いけれど、それよりも、本当にGLAYの曲を気に入って聴く人だけを満足させればいいのでは。もっと画期的でもっと刺激的な曲を聴きたいです。

C

　GLAYは活動の姿勢も詞もまじめだから、好感が持てます。

　美学やこだわりばかりが先行したり、自分の言葉じゃなかったりする詞が多い中で、TAKUROの書く詞は<u>文学的でもロック調でもなく、恋や友情、母親の存在をリアルに感じる②</u>。だから、受け入れる層も幅広い。男性にもOKだし、うちの母も好きですから。

　「サバイバル」は詞だけ見ると深くてつらい。でも、歌になるとさわやかに聞こえる。そのバランスが絶妙だし、これが歌という形で表現する面白さでしょう。

　計算した詞とも受けとれるけれど、これなら私にも書ける、と万人に思わせるのは逆にすごいこと。自分自身を客観的にわかっていないとできないし、売れるには必要な才能です。

D

　「サバイバル」のビデオは、アニメの専門家が曲からイメージした映像で、虚の世界で虚を描いて実になるような作品。

　王道のGLAYのメロディーは後半のサビ以降。ラップっぽかったり、リズムが変化したりする前半は、ある意味で彼らの欲求不満の表れかもしれない。それでもTERUが歌うからラップにならず、GLAYになる。そこはまた、彼らの自信の表れなんでしょう。

　続くライブ映像は迫力があり、彼らがライブハウスで育った肉体のバンドであることがわかる。会場が大きくなっても、彼らはそれを忘れていないですね。

（朝日新聞1999年5月15日による）

Ⅱ　読みとりの力をアップする！

問1　この4つの批評は何についての批評か。最も適当なものを選びなさい。

1　ライブ会場が巨大化していることについて

2　GLAYというグループについて

3　現代の若者が好む音楽について

4　最近流行している音楽の傾向について

問2　①「そのスタイル」と同じような意味を持つ表現として、最も適当なものを選びなさい。

1　Aさんの「各自の確立された個性をアピールしていくという方法」

2　Bさんの「見る人をあっと驚かせるような新しい展開」

3　Cさんの「これなら私にも書ける、と万人に思わせること」

4　Dさんの「ライブハウスで育った肉体のバンドであること」

問3 ②「文学的でもロック調でもなく、恋や友情、母親の存在をリアルに感じる。」と同じような意味を持つ表現として、最も適当なものを選びなさい。

1　Aさんの「だれもが一度は経験のある感情を描いた詞」

2　Bさんの「今のカラオケ世代に合っていて覚えやすい」

3　Cさんの「活動の姿勢も詞もまじめだから好感が持てる」

4　Dさんの「ある意味で彼らの欲求不満の表れかもしれない」

問4　4つの批評の中に書かれている好意的意見として適当でないものを選びなさい。

1　耳なじみのいいメロディーで受け入れやすい。

2　生活感のにじむ歌詞でだれにでも理解できる。

3　老若男女と問わず幅広いファンを持っている。

4　美学やこだわりが込められた詞に才能を感じる。

問5　4人の意見について正しく述べているものを選びなさい。

1　AはBと違って好意的である。

2　CはBと違って批判的である。

3　BはDと同じように批判的である。

4　BはAと違って好意的である。

問6　BがGLAYに期待していることは、どのようなことか。

1　今のGLAYの路線を変更せずに発展していってほしい。

2　ライブ活動をどんどん巨大化していってほしい。

3　今までになかった感じの曲を聞かせてほしい。

4　若者だけでなく広い層が満足する曲を作ってほしい。

問題Ⅱ　次の文章を読んで、後の問いに答えなさい。

　次の (1) ～ (4) のグラフは、日本人の言語的ステレオタイプ（固定観念）についての質問の答えをまとめたものである。その質問とは、

　　A　日本語が流ちょうすぎる外国人は信用できないと思いますか
　　B　日本人の顔をしているのに日本語を話せない人を見ると、ヘンな気がしますか
　　C　英語は論理的だが、日本語は論理的でないと思いますか
　　D　日本語のような情緒豊かなことばは、外国語には正確に翻訳できないと思いますか
　の 4 つであった。

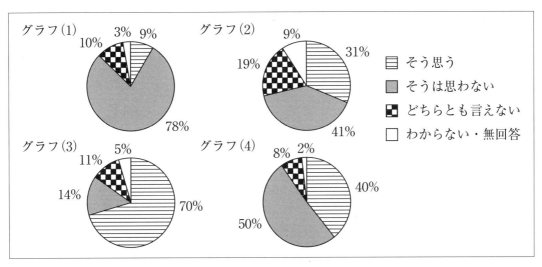

（石野博史・安平美奈子「第 5 回言語環境調査から（その 1 ）国際化時代の日本語」
『放送研究と調査』1991 年 8 月号による）

　このグラフから、以下のようなことが読みとれる。

・最近は日本語に堪能な外国の人もたくさんいるが、彼らのような日本語が流ちょうすぎる外国人に対して信用できないという人はさすがにあまりおらず、大半の人はこれを否定している。
・一方、日系人や顔が似ているアジアの人々に対して、「彼らが日本語が話せないのを見るとヘンな気がする」と答える人はだいぶ多く、「そんなことはない」と答えた人は半分しかいない。
・日本語は論理的でないとよく言われるが、そう思うと答える人は 3 割ほどいる。また判断しかねている人の多いのも特徴的である。
・多くの日本人の日本語観は、「日本語は非常に情緒豊かなことばである」というものであるらしい。情緒豊かな日本語というイメージに関しては、かなり強い思い込みが感じられる。

問1 グラフ (1) ～ (4) はそれぞれ A ～ D のどの質問に対応しているか。最も適当な組み合わせを選びなさい。

1　A：(3)　　　B：(4)　　　C：(2)　　　D：(1)

2　A：(1)　　　B：(2)　　　C：(4)　　　D：(3)

3　A：(3)　　　B：(2)　　　C：(4)　　　D：(1)

4　A：(1)　　　B：(4)　　　C：(2)　　　D：(3)

問2 次の文章の「　ア　」と「　イ　」に当てはまるものとして最も適当な組み合わせを選びなさい。

A ～ D の 4 つの質問は、「　ア　」という回答が多いほど、ことばの面での国際化が進んでいると考えることができる。したがって、この結果を見る限りにおいては、「　イ　」ということが言えよう。

1　ア：そう思う　　　　　　　イ：国際化は十分

2　ア：そうは思わない　　　　イ：国際化は不十分

3　ア：そう思う　　　　　　　イ：国際化は不十分

4　ア：そうは思わない　　　　イ：国際化は十分

問3 次の 4 つは、外国人が日本人に言われたことばである。本文の内容から見て、日本人の半数以上が持つ日本語観と一致するものを選びなさい。

1　「日本語はあいまいなので、英語を話す人に比べて、日本人は議論が苦手なんですよ。」

2　「あなたは日本人と同じ顔をしているんだから、早く日本語をマスターしたほうがいいですよ。」

3　「日本の小説は、翻訳で読んでも、本当に読んだことにはなりませんよ。」

4　「もっと日本語が下手なふりをしたほうが、日本人に親切にしてもらえますよ。」

問題Ⅲ　次の文章を読んで、後の問いに答えなさい。

　また大切な人が亡くなった。五月四日、長洲一二先生がなくなったのだ。

　長洲先生は私の大学におけるゼミナールの教官だった。しかし、先生が私にとって「大切な人」だったというとき、それは単にゼミナールの教官であったからというだけが理由ではない。先生は、いわば「最初の人」だったのだ。

　それは私が十九歳から二十歳になろうとしているときのことだった。初冬のある日、私は鎌倉の長洲先生の家に向かっていた。

　当時、私は経済学部の二年生でゼミナール選択の時期を迎えていた。だが、経済学という学問そのものに興味を失っていた私には、どの教官のどのゼミに行こうが大差ないと思えてならなかった。それでも最終的に長洲ゼミを選ぶことにしたのは、先生の「社会科学概論」の講義が、私の出席していた数少ない講義のひとつだったからということが大きかった。しかし、当時の長洲先生は論壇のスターだった。そのような「花形教官」のゼミを選ぶということに、ある種のやましさを覚えないわけにはいかなかった私は、第二志望のゼミに、およそ人気のない、地味な日本経済史の研究をしている若手の教官のゼミを選ぶことで、心理的なバランスを取ろうとした。

　その志望書を出してしばらくすると、教務課の掲示板に、長洲ゼミを希望する者は原稿用紙五枚以内で作文を書いてくるようにという貼り紙が出された。希望者が多いため、それによって選択するということのようだった。

　退屈していた私は暇つぶしができたことを喜び、その作文を書き上げることに熱中した。しかし、自信をもって提出した二週間後、長洲ゼミに入ることを許可された十二人の名簿の中に私の名はなかった。

　私はそれを見てショックを受け、次に腹を立てた。あの作文のどこが悪かったというのだろう。先生に会ってその理由を教えてもらいたい……。

　先生の前に座った私は、緊張したまま訪ねてきた理由を話しはじめた。

　それを黙って聞いていた先生は、私が話しおわると、意外なほどやさしい口調で言った。

　――私が作文を書かせたのは、合否の判定をするためではなかった。どれだけ本気で入ろうとしているかを確かめただけで、中身はまったく読まなかった。では、どのように合否を決めたのか。それは第二志望のゼミをどこにしているかによっていたのだ。つまり、私のゼミを落とされた人が、第二志望のゼミにも入れてもらえないなどということがないように、希望者が多いところを第二志望としている人を入れ、少ないゼミを第二志望としている人を機械的に落としたのだ……。

　それを聞いて私は納得した。先生はあの作文を読んで落としたのではないという。それならこちらも文句のつけようがない。素直に第二志望のゼミに行こう。そう思っていると、しかし、と先生は言った。

「どんな理由であれ、私は君を私のゼミに入れなかった。そうなんですね」

　私がうなずくと、先生はこう言った。

Ⅱ　読みとりの力をアップする！

「それは間違いでした」

　私は驚いて先生の顔を見た。すると、先生はあらたまった口調でこう言ったのだ。

「私のゼミに入ってくれますか？」

　その言葉にさらに驚かされた。ゼミに入れてやろう、でもなく、ゼミに入りなさい、でもなく、ゼミに入ってくれますか、と言ったのだ。

　私はしばし茫然としてから、慌てて、ええ、と返事した。
　　　　③

　いまでも、先生が亡くなったいまでも、あのときどうして「入ってくれますか」などというような言い方をされたのかわからない。

　しかし、それが私にとって初めての言葉だということはその時すでにわかっていた。その言葉の底には、君は何者かでありうる、というメッセージが存在するように思えた。そして、そのよ
　　　　　　　　④

うなメッセージを発してくれた「大人」は先生が初めてだったのだ。

　もしかしたら、私は二十歳からの困難な数年を、先生のその言葉ひとつを支えに切り抜けていったのかもしれないと思う。

　そして、こうも思う。教師が教え子に、あるいは「大人」が「若者」に、真に与えられるものがあるとすれば、それは「君は何者かになりうるんだよ」というメッセージだけではないだろうかと。

（沢木耕太郎「最初の人」日本経済新聞 1999 年 6 月 27 日による、一部改）

問1　長洲先生が筆者の ①「最初の人」である理由として最も適当なものを選びなさい。

　1　大学時代のゼミの教官だったから。

　2　有名人なのに親切に指導してくれたから。

　3　筆者の可能性を認めてくれ、励まされたから。

　4　ゼミに入れてもらえず、かえって精神的に鍛えられたから。

問2　②「心理的なバランスを取ろうとした」とあるが、何と何のバランスか。

　1　人気がある長洲ゼミを取りたい気持ちと、若手で人気がない先生はかわいそうだという気持ち

　2　人気がある長洲ゼミの学生の数と、若い教官のゼミの学生の数

　3　長洲ゼミに入れる可能性と、若い教官のゼミに入れる可能性

　4　長洲ゼミを選んでほかの学生に申し訳ないという気持ちと、若い教官のゼミなら遠慮はいらないという気持ち

問3　長洲先生はどんな学生を自分のゼミに入れようとしたか。

1　よい作文を書き、しかも第二志望のゼミの人気が低い学生

2　よい作文を書き、しかも第二志望のゼミの人気が高い学生

3　作文のよい悪いに関係なく、第二志望のゼミの人気が低い学生

4　作文のよい悪いに関係なく、第二志望のゼミの人気が高い学生

問4　③「しばし茫然とし」た理由として最も適当なものを選びなさい。

1　先生の態度が急に冷たくなったから。

2　突然、ゼミに入れることになったから。

3　先生は有名な学者なのにひどい間違いを犯したから。

4　先生の言葉がていねいすぎるように感じられたから。

問5　④「君は何者かでありうる」の意味として最も適当なものを選びなさい。

1　好きなことをしてもよい

2　人には理解されないかもしれない

3　自分の希望する職業にきっと就ける

4　何かの分野でいつかりっぱな人になれる

問6　長洲先生の学生に対する態度として適当なものはどれか。

1　なるべく親切にする。

2　どんな学生でも平等にあつかう。

3　自分と対等の大人としてあつかう。

4　能力のある学生に対して特に厳しくする。

II　読みとりの力をアップする！

問題Ⅳ　次の文章を読んで、後の問いに答えなさい。

〈大脳生理学〉

　障害物の背後に隠れている物が何かを直感的に推測する仕組みが大脳にあることを、工業技術院生命工学工業技術研究所（茨城県つくば市）の研究グループが実験で確認した。隠れた部分を予備知識を使って想像するのではなく、見えている部分を即座につなぎ合わせて全体像を瞬時に把握する。人間にはたやすいが、コンピューターには難しい作業で、今回の実験結果は新しい画像処理ソフトウエアなどへの対応が期待できるという。

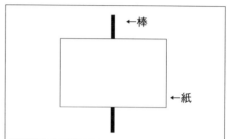

　研究グループはサルに一本の垂直な棒の絵を見せて脳の働きを調べた。サルは棒の真ん中が隠された絵を見ても（　　①　　）を認識できる。

　この認識作業を担っているのが、大脳に入った視覚情報を最初に処理する場所である「第一次視覚野」であることがわかった。第一次視覚野には物の輪郭を検出する細胞があることが知られているが、障害物で隠された物の輪郭を推測する機能も兼ね備えていると考えられる。

　脳が見えない部分を補う作業はこれまで大脳の複数の部分の機能を動員した複雑な作業と考えられていたが、実際は第一次視覚野だけで見た瞬間に推測作業をしているとみられる。この仕組みをコンピューターに応用すれば、様々な物が重なって見える画像の中から個々の物体の形を迅速に識別するなどの処理がこれまでより効率よくできるなど性能向上が期待できる。

（日本経済新聞1999年9月16日による）

問1　サルはどんなことを認識するか。（　　①　　）に入るものとして最も適当なものを選びなさい。

1　それが一本の棒の絵だということ
2　一本の棒の上下が逆になっていること
3　別々の棒が二本あること
4　一本の棒が切り離されていること

問2 人間の脳の「第一次視覚野」をコンピューターに応用した場合、A〜Eのどの性能が高まるか。最も適当な組み合わせを選びなさい。

A 防犯センサーが壁の向こうの部屋の人の動きを感知する。

B 車に取り付けられたコンピューターが、前の車で少し隠れている前々車のナンバーの一部を今までより速く推測する。

C ある言葉の一部がペンキによって汚れていても、記憶している情報からその言葉を復元する。

D コンピューターが散らかった部屋に入った時に、どこに何が落ちているかわかる。

E 開けていない箱の中身を推測する。

　1　A・B・E　　　2　B・C・D　　　3　C・D・E　　　4　A・C・E

II　読みとりの力をアップする！

●「項目別パワーアップ問題」を始めるまえに

　「漢字と語彙をマスターする！」は 8 つの項目（トピック）に分かれています。それぞれの項目は語彙のまとめと様々なタイプの問題で構成されていて、問題をやっていくうちに漢字と語彙のパワーアップができるようになっています。プレイスメントテストでわかった自分の弱いところに注意して、問題を進めていきましょう。

＜項目別パワーアップ問題の内容構成＞

　それぞれの項目は次のような内容から問題が作られています。

1. 社会学

　現代社会を語る際に使われる表現や語彙

2. 経済・経営

　経済や経営学についての基礎知識として必要な表現や語彙

3. 国際関係

　国際関係や世界の状況について新聞やニュースで使われる語彙

4. 芸術

　美術・音楽・映画・伝統芸能などに関する表現や語彙

5. 産業とテクノロジー

　現代のハイテクノロジー社会を反映した表現や語彙

6. 地球と環境

　地球規模の環境問題についての時事性の高い表現や語彙

7. 情報

　情報社会で生活する上で常識とされる表現や語彙

8. 理工

　理工系への進学希望者にとって基礎知識として必須の表現や語彙

■各項目の構成

これは覚えよう……トピックの基礎知識として必要な語彙です。

　これを覚えればトピックについて読んだり話したりするための準備ができます。

漢字の問題…………まとまった文章の中で正しい漢字の読み方や書き方を選ぶ問題です。

　この文を何度も読んで覚えれば、意見発表や小論文の作成にも活用できます。

語彙選択問題………トピックに関する短文や会話文の中で適切な語彙を選ぶ問題です。

　短文問題では意味や使い方や形が似ている言葉の使い分けが練習できます。

　会話の問題では話の流れから話者が何を表現したいのか考えて答える練習ができます。

多義語の問題………言葉が問題文と同じ意味で使われている文を選ぶ問題です。

　同じ言葉がいろいろな意味で使われていますから、覚えれば表現力がつきます。

確認問題

　ここは項目別パワーアップ問題の確認です。各項目から問題が出ています。パワーアップしたことを確認しましょう。

漢字と語彙マスターの鉄則!

漢字の読み方の問題

＊「外国（がいこく）」「開国（かいこく）」や「合格（ごうかく）」「語学（ごがく）」
　などの違いに注意しよう。

＊毎日の勉強では、実際に書いて覚えよう。

漢字の書き方の問題

＊「両親」「良心」などの同音異義語や、「収める」「納める」「修める」などの意味
　によって漢字が違う言葉に注意しよう。

＊文の内容からどの漢字が適切か考えよう。

＊毎日の勉強では、漢字一つ一つの意味を正確に覚えよう。

会話の問題

＊会話の場面を想像しよう。

＊毎日の勉強では、言葉と意味だけではなくどんな時に使うのかも覚えよう。

多義語の問題

＊問題となっている言葉を他の日本語で言い換えて、同じものを見つけよう。

＊毎日の勉強では、やさしい言葉でも辞書をたくさん引いて意味や例文を覚えよう。

1. 社会学

☞ これは覚えよう

□移住　□共存　□偏見　□異文化　□世代　□過疎　□学歴
□官僚制　□慣習　□規範　□大衆　□宗教　□世論　□非行
□貧困　□窮乏　□富の分配　□福祉　□高齢化　□核家族
□介護　□余暇　□単身赴任　□ライフスタイル

問題1　下線部の漢字には正しい読み方を、ひらがなには正しい漢字をそれぞれ選びなさい。

現代ではろうどう時間が次第にたんしゅくされ、余暇を過ごす時間が増えてきている。それは
　　　(1)　　　　　　　　(2)　　　　(3)　　　　　(4)
単なる仕事をした後の残った時間ではなく、しゅうぎょう中の社会的拘束からかいほうされた私
　　　　　　　　　　　　　　　　　　(5)　　　　　　　　(6)　　　　　(7)
的な自由時間である。スポーツや各種の文化活動を通して人間性をかいふくし心の豊かさや
　　　　　　　　　　　　　　(8)　　　　　　　　　　　　(9)　　　　　　(10)
こせいをけいせいするものである。
(11)　　(12)
　しかしそれがゆうこうに活用されなければ、生活の質的こうじょうをもたらすとは限らないか
　　　　　　(13)　　　　　　　　　　　　　　　　　　(14)
ら、いかにこの時間を使うかがかだいである。
　　　　　　　　　　　　　　(15)

(1)	ろうどう	1	労勤	2	労動	3	労導	4	労働
(2)	次第	1	しだい	2	じだい	3	してい	4	じてい
(3)	たんしゅく	1	単宿	2	短縮	3	単飾	4	短触
(4)	余暇	1	よか	2	よち	3	よじ	4	よきょう
(5)	しゅうぎょう	1	就業	2	商業	3	従業	4	職業
(6)	拘束	1	こうそく	2	くそく	3	きそく	4	こそく
(7)	かいほう	1	解法	2	介抱	3	解放	4	開放
(8)	各種	1	かくしゅう	2	かくじゅ	3	かくしょ	4	かくしゅ
(9)	かいふく	1	開腹	2	回復	3	快腹	4	改復
(10)	豊かさ	1	あたたかさ	2	おだやかさ	3	たしかさ	4	ゆたかさ
(11)	こせい	1	固性	2	己性	3	誇性	4	個性
(12)	けいせい	1	形勢	2	形成	3	刑政	4	形声
(13)	ゆうこう	1	有効	2	友好	3	有功	4	遊行
(14)	こうじょう	1	恒常	2	高上	3	厚情	4	向上
(15)	かだい	1	仮題	2	過大	3	課題	4	議題

問題2 ＿＿＿＿＿＿に入れるのに最も適当なものを選びなさい。

(1) 一日中だれとも話さないといった＿＿＿＿＿＿老人が増えている。
   1　質実な　　　　　2　孤独な　　　　　3　堅実な　　　　　4　質素な

(2) 都会では近所づきあいを＿＿＿＿＿＿と考える人が多いらしい。
   1　わずわらしい　　2　まぎらわしい　　3　はなはだしい　　4　めまぐるしい

(3) 女性が働くことが多くなった今日でも多くの女性が家事労働を＿＿＿＿＿＿。
   1　おっている　　　2　もっている　　　3　かついでいる　　4　になっている

(4) 会社への忠誠心と＿＿＿＿＿＿意識は必ずしもプラス材料ではなくなった。
   1　配属　　　　　　2　専属　　　　　　3　直属　　　　　　4　帰属

(5) 日本経済が絶頂期の1980年半ばから過労や＿＿＿＿＿＿による自殺者が増加した。
   1　システム　　　　2　メーカー　　　　3　ダイエット　　　4　ストレス

(6) 今日では豊かさが非行を生んでいるが、＿＿＿＿＿＿非行の温床は貧困だった。
   1　やがて　　　　　2　かつて　　　　　3　かねて　　　　　4　かえって

(7) A：好きなことをして休みが多くて給料をたくさんもらえる仕事をしたいんです。
   B：それは＿＿＿＿＿＿んじゃないですか。
   1　口が悪い　　　　2　口がいい　　　　3　虫が悪い　　　　4　虫がいい

(8) A：鈴木さんの息子さん、名門校に通っているそうですよ。
   B：ええ、奥さんはそれを＿＿＿＿＿＿ていますよ。
   1　目をかけ　　　　2　腕にかけ　　　　3　鼻にかけ　　　　4　口をかけ

問題3 ＿＿＿＿＿＿の言葉がはじめの文と最も近い意味で使われている文を選びなさい。

つく……卒業後も定職につかないフリーターと呼ばれる若者が多い。

   1　進学を断念したものの、あきらめがつかない。
   2　親の介護のことを考えると、ついため息をついてしまう。
   3　スキーで骨折してしまい、松葉づえをついて通勤している。
   4　森氏は30代で重役のポストについた。

2. 経済・経営

☞ これは覚えよう

□収支　　□市場　　□相場　　□貨幣　　□関税　　□決算　　□利潤
□貯蓄　　□契約　　□倒産　　□事業　　□業績　　□資産　　□運用
□収益　　□経費　　□控除　　□徴収　　□投資　　□負債　　□報酬
□融資　　□合併　　□従業員　　□サービス　　□インフレ

問題1　下線部の漢字には正しい読み方を、ひらがなには正しい漢字をそれぞれ選びなさい。

国際収支は一国全体の一年間の海外経済取引じょうきょうを示している。国際収支には商品の
　　　　　　　　　　　　　　　　　　　(1)　(2)　　　(3)
輸出入だけではなく貨物うんちんやほけん、外国企業のかぶしきこうにゅうなどがふくまれる。
　　　　　　　　(4)(5)　　　(6)　　　　　　　　(7)　　(8)　　　　　(9)
1985年以降急速に進んだ円高の原因の一つは国際収支の大幅な黒字であったといわれる。国際
　　　　　　　　　　　　　　　　　　　　　　　　(10)
収支が著しいふきんこうに陥った場合にはそのかいしょうのためにさまざまなせいさくが必要と
　　　(11)　(12)　　　(13)　　　　　　　(14)　　　　　　　　(15)
なる。

(1) 取引　　　1　しゅいん　　2　とるびき　　3　とりびき　　4　とりひき

(2) じょうきょう　1　上京　　　2　状況　　　3　場況　　　4　除去

(3) 示して　　1　しめして　　2　しるして　　3　あらわして　4　はなして

(4) 貨物　　　1　かぶつ　　　2　かもの　　　3　かもつ　　　4　にもつ

(5) うんちん　1　運貸　　　　2　運貨　　　　3　運資　　　　4　運賃

(6) ほけん　　1　保健　　　　2　補険　　　　3　補件　　　　4　保険

(7) かぶしき　1　株式　　　　2　下部式　　　3　課部識　　　4　株織

(8) こうにゅう　1　購入　　　　2　講入　　　　3　構入　　　　4　溝入

(9) ふくまれる　1　占まれる　　2　含まれる　　3　召まれる　　4　否まれる

(10) 大幅　　　1　だいふく　　2　おおふく　　3　おおばば　　4　おおはば

(11) 著しい　　1　はなはだしい　2　おそろしい　3　まぎらわしい　4　いちじるしい

(12) ふきんこう　1　不近郊　　　2　不均衡　　　3　不金鉱　　　4　不近攻

(13) 陥った　　1　はまった　　2　もちいった　3　さがった　　4　おちいった

(14) かいしょう　1　解消　　　　2　改象　　　　3　改組　　　　4　解症

(15) せいさく　1　施策　　　　2　政策　　　　3　正策　　　　4　対策

問題2 _____ に入れるのに最も適当なものを選びなさい。

(1) 今期の利益は予想を大きく_____そうです。
    1　上昇し　　　　　2　増加し　　　　　3　上回り　　　　　4　上向き

(2) 来春は新入社員の採用を_____企業が多いようです。
    1　見合わせる　　　2　見通す　　　　　3　見積もる　　　　4　見習う

(3) 田中氏はグローバル企業の社長に_____国際的な人物だ。
    1　みすぼらしい　　2　すばしこい　　　3　そそっかしい　　4　ふさわしい

(4) 今日の円_____は1ドル107円65セントだ。
    1　ルート　　　　　2　コメント　　　　3　システム　　　　4　レート

(5) 就職もしないで、いつまでも_____しているわけにはいかない。
    1　おどおど　　　　2　ぶらぶら　　　　3　ぐらぐら　　　　4　ぞろぞろ

(6) H社の業績不振の原因は_____支店を増やしすぎたことだ。
    1　簡易に　　　　　2　簡略に　　　　　3　容易に　　　　　4　安易に

(7) A：X社はY社を買収するそうですね。

    B：そうですか。すると業界トップのQ社と_____ますね。
    1　株をあげ　　　　2　音をあげ　　　　3　肩を並べ　　　　4　軒を連ね

(8) A：鈴木さんの会社倒産したんですって。

    B：そうでしたか。それでこの間お会いした時_____していたんですね。
    1　にっこり　　　　2　げっそり　　　　3　すっきり　　　　4　うっとり

問題3 _____ の言葉がはじめの文と最も近い意味で使われている文を選びなさい。

のる……K社は好景気の波に<u>のって</u>急成長した。

    1　うまいもうけ話には<u>のって</u>はいけない。
    2　同僚の転職の相談に<u>のって</u>帰りが遅くなった。
    3　ようやく商売も軌道に<u>のって</u>きた。
    4　健康ブームに<u>のって</u>スポーツクラブが増えた。

3. 国際関係

☞ **これは覚えよう**

- □国連　□協調　□交渉　□国交　□条約　□外相　□任務
- □救援　□派遣　□情勢　□復興　□民族　□紛争　□危機
- □介入　□干渉　□占領　□領土　□難民　□防衛　□核兵器
- □拡散　□軍縮（軍備縮小）　□テロ　□赴く　□侵す　□危ぶむ

問題1　下線部の漢字には正しい読み方を、ひらがなには正しい漢字をそれぞれ選びなさい。

　世界の多くの場所でみんぞく、宗教、領土などを原因とする紛争が起こっている。これに対し
(1)　　　　　　　　　　(2)　　　(3)
て国連では軍事かんし団や平和いじ軍を派遣して事態の悪化を防ぐための活動を行っている。こ
(4)　　　　　(5)　　　(6)　　　　　(7)
れは戦闘を目的としたものではなく、げんそくとして受け入れ国のどういや要請をぜんていと
(8)　　　　　　　　　　(9)　　　　　　　　　　(10)　　(11)　　(12)
しており、当事者に対して中立、公正な立場をとる。もっぱらしきん協力に限っていた日本も、
(13)　　　　　　　　　(14)
1987年いこう、人的貢献を拡大している。
(15)

(1)	みんぞく	1	民俗	2	民族	3	民続	4	民属
(2)	領土	1	りょうど	2	りゅうど	3	りょうと	4	りゅうと
(3)	紛争	1	こそう	2	ぶんそう	3	ぷんそう	4	ふんそう
(4)	かんし	1	鑑視	2	観視	3	監視	4	間視
(5)	いじ	1	意地	2	遺児	3	維持	4	委治
(6)	派遣	1	はい	2	はけん	3	はちがい	4	はつかい
(7)	悪化	1	わるか	2	わるけ	3	あっけ	4	あっか
(8)	戦闘	1	せんそう	2	せんとう	3	せんじょう	4	せんたい
(9)	げんそく	1	原則	2	減速	3	元即	4	源側
(10)	どうい	1	同委	2	動意	3	同意	4	同位
(11)	要請	1	ようしょう	2	ようせい	3	ようきゅう	4	ようぼう
(12)	ぜんてい	1	前堤	2	全堤	3	全提	4	前提
(13)	中立	1	なかりつ	2	なかだち	3	ちゅうりつ	4	ちゅうたち
(14)	しきん	1	至近	2	資近	3	志金	4	資金
(15)	いこう	1	以降	2	意向	3	移行	4	以後

問題2 ＿＿＿＿＿＿に入れるのに最も適当なものを選びなさい。

(1) インド、パキスタンの核実験は世界に大きな衝撃を＿＿＿＿＿＿。
 1　受けた　　　　　　2　出した　　　　　　3　感じた　　　　　4　与えた

(2) 1972年、日本と中国は国交を＿＿＿＿＿＿した。
 1　復活　　　　　　　2　回復　　　　　　　3　回収　　　　　　4　復旧

(3) 台湾大地震の際、日本は阪神大震災の教訓を＿＿＿＿＿＿迅速に救援活動を行った。
 1　掲げて　　　　　　2　生かして　　　　　3　携わって　　　　4　費やして

(4) 日本は憲法で戦争放棄をうたっている。＿＿＿＿＿＿防衛のための自衛隊をもっている。
 1　すなわち　　　　　2　それでは　　　　　3　そのうえ　　　　4　しかしながら

(5) 互いの文化を理解し尊重しようとする異文化間＿＿＿＿＿＿が重要である。
 1　コントロール　　2　コマーシャル　　3　コレクション　　4　コミュニケーション

(6) 世界の人口の都市集中が進んでいる。＿＿＿＿＿＿発展途上国ではその傾向が著しい。
 1　なるたけ　　　　　2　ひたすら　　　　　3　とりわけ　　　　4　もはや

(7) A：きのうの空爆のニュースにはびっくりしましたね。

　　B：ええ、私も耳を＿＿＿＿＿＿よ。
 1　傾けました　　　　2　疑いました　　　　3　すましました　　4　ふさぎました

(8) A：やっとA国の内乱が収まりましたね。

　　B：でもお互いの対立感情が＿＿＿＿＿＿には時間がかかるでしょうね。
 1　かさむ　　　　　　2　つのる　　　　　　3　たえる　　　　　4　とける

問題3 ＿＿＿＿＿＿の言葉がはじめの文と最も近い意味で使われている文を選びなさい。

山……二国間の交渉は山場を迎えた。

 1　彼らは山を越えて国外へ逃れた。
 2　外交問題が山積みだ。
 3　大国の核開発競争は山を越えた。
 4　山が当たって、海外株式投資で大もうけした。

4. 芸術

☞ **これは覚えよう**

□創造	□普遍	□個性	□共感	□傑作	□手法	□描写
□美術	□色彩	□装飾	□空間	□外観	□公演	□観衆
□歓声	□指揮	□吹奏	□脚本	□文化財	□催す	□誇る
□値する	□受け継ぐ	□巧みな	□センス	□ジャンル		

問題1　下線部の漢字には正しい読み方を、ひらがなには正しい漢字をそれぞれ選びなさい。

　日本の伝統的な舞台芸術には、歌舞伎、能、狂言などがある。伝統とは古くから伝えられてきたようしきなどを受け継いでいるだけでなく、時代や国を越えて人をかんどうさせる力と美しさ、
①　　　　　　　　　　　　　　　　　　　　　　　　　　　　　　②
つまり普遍性をもっているものと言えるだろう。
③
　例えば歌舞伎は、華やかないしょうや背景、ユニークな化粧、誇張した演技など、舞台全体
④　　　　⑤　　　　　　　　　　　⑥　　　　⑦
でかいが的な美的空間を創り上げている。また、舞台の一部を回転、上下させるそうちや舞台の
⑧　　　　　　⑨　　　　　　　　　　　　　　　　　　　　　　　⑩
脇にある演奏者の部屋など、現代にもつうようする画期的な演出が250年も前から行われていた。
⑪　　　　　　　　　　　　　⑫　　　　　　⑬　　　　⑭
最近では海外公演もこうひょうだ。
⑮

(1)	ようしき	1	洋式	2	様式	3	要式	4	用式
(2)	かんどう	1	観動	2	歓動	3	感動	4	間動
(3)	普遍性	1	ふれんせい	2	ふつうせい	3	ふようせい	4	ふへんせい
(4)	華やかな	1	あざやかな	2	はなやかな	3	はでやかな	4	あでやかな
(5)	いしょう	1	衣装	2	異称	3	委装	4	衣賞
(6)	化粧	1	かじょう	2	けじょう	3	かしょう	4	けしょう
(7)	誇張	1	こうちょう	2	こちょう	3	こしょう	4	こうしょう
(8)	かいが	1	会図	2	絵図	3	会画	4	絵画
(9)	空間	1	そらま	2	そらかん	3	くうかん	4	くうげん
(10)	そうち	1	送致	2	送値	3	装地	4	装置
(11)	脇	1	はじ	2	わき	3	そば	4	よこ
(12)	つうよう	1	通用	2	通様	3	通要	4	通洋
(13)	画期的	1	がきてき	2	ずきてき	3	かっきてき	4	かくきてき
(14)	演出	1	えんじで	2	えんしゅつ	3	えんで	4	えんしゅう
(15)	こうひょう	1	公表	2	好評	3	高評	4	講評

問題2 ＿＿＿＿に入れるのに最も適当なものを選びなさい。

(1) 映画「タイタニック」は驚異的なヒットとなり、興行収入の新記録を＿＿＿＿した。

   1　到達　　　　　　2　挑戦　　　　　　3　達成　　　　　　4　確保

(2) この絵では黄色と青のあざやかな＿＿＿＿が画面に活気を生み出している。

   1　ニュアンス　　　2　コレクション　　3　コントラスト　　4　デコレーション

(3) 茶道は形式を＿＿＿＿ので、作法の習得に適しているといわれている。

   1　重んじる　　　　2　撤する　　　　　3　整える　　　　　4　養う

(4) 文化の日には、芸術などの分野で＿＿＿＿のあった人に文化勲章が授与される。

   1　功績　　　　　　2　成功　　　　　　3　威厳　　　　　　4　権力

(5) ショパンの曲を演奏するにはピアニストの＿＿＿＿テクニックが要求される。

   1　さかんな　　　　2　たくみな　　　　3　はるかな　　　　4　ひそかな

(6) 彼は指揮者として一流だ。＿＿＿＿作曲家としての才能はそれ以上かもしれない。

   1　かろうじて　　　2　あえて　　　　　3　とりあえず　　　4　ことによると

(7) A：彼は名の通った画家なんですか。

     B：いいえ。でも最近の彼の活躍には目を＿＿＿＿ものがありますよ。

   1　見直す　　　　　2　見張る　　　　　3　見離す　　　　　4　見込む

(8) A：素晴らしい絵ですね。

     B：本当に人物が＿＿＿＿と描かれていますね。

   1　はきはき　　　　2　ぽつぽつ　　　　3　いやいや　　　　4　いきいき

問題3 ＿＿＿＿の言葉がはじめの文と最も近い意味で使われている文を選びなさい。

あがる……スピーチでは、あがって声が震えた。

   1　演奏者たちが舞台にあがった。

   2　どんなに観客が多くても、彼はあがったことがない。

   3　彼はバイオリンの腕があがった。

   4　演奏が終わると大きな歓声があがった。

5. 産業とテクノロジー

☞ これは覚えよう

□ハイテクノロジー（先端技術）　□新素材　□セラミック　□超伝導
□バイオテクノロジー（生命工学）　□ＤＮＡ　□遺伝子　□組み換え
□エレクトロニクス（電子工学）　□半導体　□ソフト　□デジタル
□原子力　□精密　□特許　□企画　□提携　□導入　□廃棄　□革新

問題1　下線部の漢字には正しい読み方を、ひらがなには正しい漢字をそれぞれ選びなさい。

　近年、エレクトロニクス、新素材の開発、バイオテクノロジーをはじめとする科学技術は、め
　　　　　　　　　　　　　(1)
ざましい発展を遂げつつある。これらの技術はさまざまな産業とむすびつき、私たちの生活に生
　　　　　　　(2)　　　　　　　　　　　　　　　　　　　　　(3)
かされている。また、食料生産やしんやくの開発、しげんやエネルギー開発などに大きな変化を
　　　　　　　　　　　(4)　　　　　　(5)
もたらす反面、その安全性が懸念されている。
　　　　　　　　　　　　(6)
　先端技術をりようした商品の開発は国の経済力をさゆうし、その優劣は国の安全ほしょうにも
　(7)　　　(8)　　　　　　　　　　　　　　　　(9)　　　(10)　　　　　　(11)
直結するほどである。人類がより安全に、より人間らしく生活するために、この科学の成果をい
(12)　　　　　　　　　　　　　　　　　　　　　　　　　　　　　　　　　(13)
かに役立てるか、今私たちは重大なきろに立たされている。
　　　　　　　　　　(14)　(15)

		1		2		3		4	
(1)	新素材	1	しんぞざい	2	しんそざい	3	しんすざい	4	しんすさい
(2)	遂げ	1	とげ	2	つげ	3	たげ	4	ちくげ
(3)	むすび	1	提び	2	結び	3	直び	4	携び
(4)	しんやく	1	親訳	2	侵略	3	新約	4	新薬
(5)	しげん	1	始源	2	使原	3	資原	4	資源
(6)	懸念	1	けねん	2	けんねん	3	げねん	4	けっねん
(7)	先端	1	せんたん	2	さきはじ	3	さきだん	4	せんだん
(8)	りよう	1	理用	2	利用	3	使用	4	理要
(9)	さゆう	1	座右	2	座有	3	左右	4	作有
(10)	優劣	1	ゆうしょう	2	ゆれつ	3	ゆうれつ	4	ゆっれつ
(11)	ほしょう	1	補証	2	補償	3	保障	4	保証
(12)	直結	1	ちょけつ	2	ちょくけつ	3	ちょうけつ	4	ちょっけつ
(13)	成果	1	せいか	2	ぞんか	3	じょうが	4	せいが
(14)	重大	1	じゅだい	2	じゅうだい	3	じゅうたい	4	ちょうだい
(15)	きろ	1	企路	2	疑路	3	岐路	4	危路

問題2 _____ に入れるのに最も適当なものを選びなさい。

(1) 半導体やセンサー技術の進歩でペット代わりのロボットが_____製品化されている。

   1　やっと　　　　　　2　すみやかに　　　　3　すでに　　　　4　すぐに

(2) この義手は筋肉の微弱電流に_____して動く。

   1　適応　　　　　　　2　反応　　　　　　　3　応答　　　　　4　呼応

(3) 彼は人工眼の研究以外のことは、何を言っても_____だ。

   1　夢の中　　　　　　2　霧の中　　　　　　3　上の空　　　　4　上の雲

(4) 乾燥ねぎやインスタントコーヒーの製法技術は細菌兵器にも_____されている。

   1　併用　　　　　　　2　応用　　　　　　　3　代用　　　　　4　引用

(5) これは子供の意見を_____に開発された商品だ。

   1　コメント　　　　　2　バック　　　　　　3　センス　　　　4　ヒント

(6) 科学技術はすばらしい力を持つと同時に、人間性を失うおそれも_____いる。

   1　伴って　　　　　　2　添って　　　　　　3　連れて　　　　4　付けて

(7) A：うちは上司のチェックが厳しくて、私用でEメールが送れないんだ。

    B：それで、君は山田課長が_____んだな。

   1　しぶい　　　　　　2　なやましい　　　　3　けむたい　　　4　そっけない

(8) A：このロボットは、動きが_____でしょう。

    B：ええ、おもしろくてかわいいですね。

   1　こっけい　　　　　2　おとなしい　　　　3　すばしこい　　　4　たくましい

問題3 _____ の言葉がはじめの文と最も近い意味で使われている文を選びなさい。

手……コピー機をコンビニに置くとは、いい手を考えたものだ。

   1　A社は人工頭脳の開発から手を引くことにしたそうですよ。

   2　レーダーで遠くのようすが手にとるようにわかる。

   3　開発した商品の重さをあと10％軽くするために、手をつくしているところだ。

   4　あの映画に使われているCGはなかなか手が込んでるよ。

6. 地球と環境

☞ これは覚えよう

□環境破壊　　□異常気象　　□温暖化　　□砂漠化　　□酸性雨　　□熱帯林の減少
□オゾン層　　□二酸化炭素　　□フロンガス　　□生態系　　□適応　　□食物連鎖
□有害物質　　□環境ホルモン　　□ダイオキシン　　□大気汚染　　□燃料
□リサイクル　　□調和　　□飽和　　□抑制　　□洪水　　□天災　　□食糧問題

問題1　下線部の漢字には正しい読み方を、ひらがなには正しい漢字をそれぞれ選びなさい。

　地球は46億年前に誕生した。そして、その<u>いとなみ</u>の中で<u>光合成</u>植物が出現し、<u>さんそ</u>が大
₍₁₎　　　　　　　　　　　　　　　(2)　　　　　　　　(3)
気中に排出され、<u>大気圏</u>はオゾンで<u>おおわれた</u>。動物の生存場所は海から陸へと広げられ、よう
　　　　　　　(4)　　　　　　　(5)
やく人類は300万年前に現れた。地球環境は人間に水、空気、燃料などの原材料を<u>ていきょう</u>す
　　　　　　　　　　　　　　　　　　　　　　　　　　　　　　　　　　　　　　(6)
るとともに、人間活動から<u>排出</u>される不要物や<u>汚染物</u>を受け入れ<u>どうか</u>する役割も<u>果たして</u>いる。
　　　　　　　　　(7)　　　　　　　(8)　　　　　(9)　　　　　(10)
　人間が文明の発展の基礎を<u>築き</u>、地球に<u>蓄積</u>された化石エネルギーを使い出したのはわずか
　　　　　　　　　　　　(11)　　　　(12)
200年前からである。そして地球規模での環境<u>破壊</u>は今、<u>しんこく</u>な<u>きき</u>に陥っている。
　　　　　　　　　　　　　　　　　　(13)　　(14)　　(15)

(1)	いとなみ	1	治み	2	居み	3	活み	4	営み
(2)	光合成	1	こうごせい	2	こうごうせい	3	ごうこうせい	4	こごうせい
(3)	さんそ	1	酢素	2	酢組	3	酸素	4	酸組
(4)	大気圏	1	たいきけん	2	だいげかん	3	おおきかん	4	だいきけん
(5)	おおわれた	1	冠われた	2	被われた	3	覆われた	4	披われた
(6)	ていきょう	1	呈供	2	是協	3	呈共	4	提供
(7)	排出	1	ひしゅつ	2	ぱいしゅつ	3	ばいじゅつ	4	はいしゅつ
(8)	汚染物	1	よごれもの	2	おせんぶつ	3	おそめもの	4	おしみぶつ
(9)	どうか	1	同化	2	等価	3	倒過	4	道下
(10)	果たして	1	はたして	2	かたして	3	くたして	4	ほたして
(11)	築き	1	つぐき	2	きつき	3	ちくき	4	きずき
(12)	蓄積	1	しくぜき	2	じくせき	3	ちくせき	4	ちくづみ
(13)	破壊	1	はがい	2	はっかい	3	はけい	4	はかい
(14)	しんこく	1	深刻	2	真告	3	侵克	4	審告
(15)	きき	1	機気	2	機期	3	危機	4	季期

問題2 ＿＿＿＿に入れるのに最も適当なものを選びなさい。

(1) 地球の砂漠化は許容限度を＿＿＿＿人間の活動が原因となっている部分も大きい。

    1　過ごした　　　　2　越えた　　　　　3　脱した　　　　4　尽きた

(2) オゾン層の破壊が進み、強い紫外線が地表に届くと生物は＿＿＿＿その影響をうける。

    1　もろに　　　　　2　すんなり　　　　3　ろくに　　　　4　うんざり

(3) ゴミを燃やしただけで猛毒のダイオキシンが発生するという発見に、世界中は＿＿＿＿。

    1　恐れいった　　　2　怒りくるった　　3　震えあがった　4　舞いあがった

(4) ＿＿＿＿量のゴミ処理にかかる費用は、日本全体で1日40億円といわれている。

    1　おびただしい　　2　けたたましい　　3　うっとうしい　4　はなばなしい

(5)「分ければ資源、混ぜればゴミ」が、＿＿＿＿の精神である。

    1　サイクル　　　　2　サイクリング　　3　リサイタル　　4　リサイクル

(6) 環境ホルモンによる生殖異変は動物実験で多くの＿＿＿＿が得られている。

    1　裏づけ　　　　　2　裏うち　　　　　3　裏ぐち　　　　4　裏ぎり

(7) A：きのうのニュース見ましたか。＿＿＿＿しましたよ。

    B：ええ、山のように不法投棄されたタイヤが燃えていましたね。

    1　ひょっと　　　　2　ぞっと　　　　　3　ほっと　　　　4　ぴりっと

(8) A：私の町は、夏になると光化学スモッグ注意報が＿＿＿＿出されるんですよ。

    B：都会に住むのも大変ですね。

    1　たっぷり　　　　2　まれに　　　　　3　しょっちゅう　4　あいにく

問題3 ＿＿＿＿の言葉がはじめの文と最も近い意味で使われている文を選びなさい。

のぼる……今うわさにのぼっているあの車は、すばらしい省エネタイプらしいよ。

    1　最近、黒い煙がのぼっている煙突は少なくなりましたね。

    2　社長の地位までのぼった彼も、石油流出事故の責任を問われ退陣を余儀なくされた。

    3　事故を契機に、原発について話題にのぼることが多くなった。

    4　現在、食卓にのぼっている食品は、本当にすべて安全なんでしょうか。

III 漢字と語彙をマスターする！

91

7. 情報

☞ **これは覚えよう**

□進展　　□収集　　□分析　　□認識　　□経営革新　　□脱工業化社会
□照合　　□報道　　□映像　　□伝達　　□通信衛星　　□携帯電話
□蓄積　　□管理　　□付加価値　□在宅勤務　　□検索システム
□OA化　　□オンライン　　□メディア　　□ネットワーク　　□プライバシー

問題1　下線部の漢字には正しい読み方を、ひらがなには正しい漢字をそれぞれ選びなさい。

　情報化社会という明確な概念はないが、じゅうらいの物やサービスに付加価値をつけるもの
　　　　　　　　　　　　　　　(1)　　　　(2)　　　　　　　　　(3)
としての情報が重視される社会である。このはいけいには、衛星通信をはじめ、伝達手段の
　　　　　　　　　　　　　　　　　　(4)　　　　　　(5)　　　　　　(6)
はったつがあり、えいぞうの送信もたやすくなった。
(7)　　　　　(8)
　その反面、膨大な量が情報のちょうふくや氾濫を生んでいる。個人データが外部に漏れるなど、
　　　　　　(9)　　　　　　(10)　　　(11)　　　　　　　　　　　　(12)
プライバシーのしんがいについても物議をかもしている。また、情報が歪められることもあり、
　　　　　　(13)　　　　　　(14)　　　　　　　　　　　　(15)
一人一人が主体的にかかわっていかねばならない。

(1) 概念　　　1　かいねん　　2　がいねん　　3　がんねん　　4　かんねん

(2) じゅうらい　1　柔来　　　2　重来　　　3　従来　　　4　重礼

(3) 付加価値　1　ふかかち　　2　つけかち　　3　ふっかち　　4　ふかがち

(4) はいけい　1　拝啓　　　2　背軽　　　3　背景　　　4　拝計

(5) 衛星　　　1　えいぜい　　2　えせい　　3　ええせい　　4　えいせい

(6) 伝達　　　1　てんたつ　　2　でんたつ　　3　てんだつ　　4　でんだつ

(7) はったつ　1　初立　　　2　発立　　　3　発進　　　4　発達

(8) えいぞう　1　影像　　　2　映象　　　3　映像　　　4　影象

(9) 膨大　　　1　ぼうだい　　2　ほうたい　　3　ぽうおう　　4　ちょうだい

(10) ちょうふく　1　超複　　　2　重複　　　3　張復　　　4　長復

(11) 氾濫　　　1　こうずい　　2　こうらん　　3　はんこう　　4　はんらん

(12) 漏れる　　1　たれる　　　2　もれる　　3　なれる　　4　うもれる

(13) しんがい　1　心外　　　2　浸害　　　3　伸害　　　4　侵害

(14) 物議　　　1　ものぎ　　　2　ぶっぎ　　3　ぶつぎ　　4　ぶっき

(15) 歪め　　　1　ひずめ　　　2　はずめ　　3　ゆずめ　　4　ゆがめ

問題2 _____に入れるのに最も適当なものを選びなさい。

(1) OA機器をいかに使いこなすかが企業間の_____につながる。
　　1　企画　　　　　　　2　規模　　　　　　3　格差　　　　　　4　模型

(2) パソコンを_____操って、いたる所から情報を収集している。
　　1　へいいに　　　　　2　じざいに　　　　3　かってに　　　　4　へいきに

(3) 通信回線の低価格化を求める声が_____いる。
　　1　相次いで　　　　　2　相乗りして　　　3　相互して　　　　4　相対して

(4) 個人情報の流出をめぐる裁判が重大な局面に_____、政府は頭を痛めている。
　　1　はいりかかり　　　2　とおりかかり　　3　さしかかり　　　4　でかかり

(5) コンピューター_____により機械が正常に動かず、混乱に陥った。
　　1　ファイル　　　　　2　ウイルス　　　　3　マウス　　　　　4　モニター

(6) 通信販売の利用は手間が省けるが、なんだか_____気もする。
　　1　そっけない　　　　2　なやましい　　　3　せつない　　　　4　あくどい

(7) A：あの会社、どうにか立ち直ったようですね。
　　　B：ええ、いち早く音声入力を実用化して、倒産の危機を_____そうですよ。
　　1　背負った　　　　　2　しのいだ　　　　3　逃した　　　　　4　妨げた

(8) A：いくら現地のようすを伝えるためとはいえ、最前線に行くとは。
　　　B：まったくですよ。情報が重要といっても_____取材はいけませんね。
　　1　むろんな　　　　　2　めったな　　　　3　むちゃな　　　　4　おおげさな

問題3 _____の言葉がはじめの文と最も近い意味で使われている文を選びなさい。

力……マスコミの力は計り知れない。

　　1　キーボード相手の仕事ばかりで、力がなくなってきた。
　　2　パソコンは私の大きな力になってくれる。
　　3　この新しい携帯電話の力は想像以上だ。
　　4　深夜のラジオ番組のちょっとした言葉が、若者の間で力をもつ。

Ⅲ　漢字と語彙をマスターする！

8. 理工

☛ **これは覚えよう**

□理論	□理屈	□原理	□関数	□微積分	□方程式	□代数幾何
□元素	□原子	□分子	□酸素	□炭素	□酸化	□還元	□核
□融合	□合成	□放射線	□細胞	□惑星	□繁殖	□比例
□立体	□命題	□定義	□イオン	□アルカリ	□カテゴリー

問題1　下線部の漢字には正しい読み方を、ひらがなには正しい漢字をそれぞれ選びなさい。

臓器いしょくなど、神の領域とされていた部分をおかし、そこに挑み続けてきた結果、生命の
(1)　　　　　　　　　　(2)　　　　　　　　　　　　　(3)　　　　　　(4)
りんりという問題に直面した。神に背く行為として、医療技術のかどの発達はあやまちである
(5)　　　　　　　(6)　　　　(7)　　　　　　　　　　　(8)　　　　　(9)
という声もある。

　生命科学が飛躍的に進歩している今日、いでんし操作によるクローン動物も出現している。
(10)　　　　　　　　　　(11)
常に、人間のそんげんをねんとうにおき、我々の行いをかえりみることが不可欠である。
(12)　　　　(13)　　　　(14)　　　　　　　　　　　(15)　　　　　　　(16)

(1)	いしょく	1	移縮	2	衣殖	3	異色	4	移植
(2)	領域	1	りゅういき	2	りょういき	3	りゅういぎ	4	りょいき
(3)	おかし	1	侵し	2	犯し	3	冒し	4	飽かし
(4)	挑み	1	ちょうみ	2	よどみ	3	いどみ	4	まどみ
(5)	りんり	1	輪理	2	輪利	3	倫理	4	臨理
(6)	直面	1	ちょくめん	2	そくめん	3	じきめん	4	しんめん
(7)	背く	1	そむく	2	はいく	3	しょうく	4	みむく
(8)	かど	1	可度	2	可渡	3	過度	4	過渡
(9)	あやまち	1	誤ち	2	危ち	3	謝ち	4	過ち
(10)	飛躍的	1	とちょうてき	2	ひちょうてき	3	ひやくてき	4	とやくてき
(11)	いでんし	1	健伝子	2	遺伝子	3	遣伝子	4	道伝子
(12)	常に	1	じょうに	2	つねに	3	じゅうに	4	こうに
(13)	そんげん	1	尊厳	2	存現	3	尊現	4	存源
(14)	ねんとう	1	年頭	2	念等	3	稔頭	4	念頭
(15)	かえりみる	1	返みる	2	換みる	3	省みる	4	替みる
(16)	不可欠	1	ぶがけつ	2	ふかけつ	3	ふっかけ	4	ふかげつ

問題2 _____に入れるのに最も適当なものを選びなさい。

(1) 生物は突然_____によって、新しい個体をつくりだす。

    1 変化   2 出現   3 変異   4 交渉

(2) 細菌の繁殖を_____には、この薬を使うのが有効だ。

    1 はばむ   2 ふさぐ   3 しげる   4 ねばる

(3) 超伝導体は、電力の_____なしに電流を流すもので、開発が急がれている。

    1 損害   2 損失   3 被害   4 喪失

(4) 二種の原子核を衝突させると_____、莫大なエネルギーが発生する。

    1 融解して   2 混合して   3 溶解して   4 融合して

(5) 摩擦が起きないように、表面を_____しよう。

    1 あざやかに   2 はなばなしく   3 なさけなく   4 なめらかに

(6) 生物の体内には、一日ごとや一年ごとなどの_____を司る機能がある。

    1 スタイル   2 ルール   3 カテゴリー   4 サイクル

(7) A：やはり、医者になる人は心が広くないと困りますね。

    B：まったくです。_____人になってもらいたいですね。

    1 顔がきく   2 器が大きい   3 骨が折れる   4 角がたつ

(8) A：科学技術がこれ以上進歩すると、人間は退化してしまうんじゃないかなあ。

    B：そうだな。_____何でも機械にさせるのは考えもんだね。

    1 やけに   2 ろくに   3 むやみに   4 さらに

問題3 _____の言葉がはじめの文と最も近い意味で使われている文を選びなさい。

ぬく……実験の際には、気をぬくと危険です。

    1 地震でビルが倒れたのは、工事の手をぬいたためとみられている。

    2 空気をぬいて真空の状態にする。

    3 水槽の栓をぬいて、よく洗い、それから新しい水を入れる。

    4 彼の計算の速さは、群をぬいている。

問題Ⅰ　下線部の漢字の正しい読み方を選びなさい。

問1　個人の<u>業績</u>を<u>客観</u>的に評価し成績に応じて<u>報酬</u>を上下させる「年俸制」を導入する企業が
　　　(1)　　　　(2)　　　　　　　　　　　　　(3)
増えている。年俸制の下では毎年<u>契約</u>更改することになる。
　　　　　　　　　　　　　　　(4)

(1)　業績　　　　1　ごうしょく　　2　ごうせき　　　3　ぎょうしょく　4　ぎょうせき

(2)　客観　　　　1　かくかん　　　2　かっかん　　　3　きゃくかん　　4　きゃっかん

(3)　報酬　　　　1　ほうしゅう　　2　ほうしょう　　3　ぼうしゅう　　4　ぼうしょう

(4)　契約　　　　1　きやく　　　　2　けいやく　　　3　かいやく　　　4　いやく

問2　自己表現の<u>場</u>としてインターネットが<u>威力</u>を<u>発揮</u>しつつある。しかし、<u>匿名</u>性をもつため、
　　　　　　(1)　　　　　　　　　　(2)　　(3)　　　　　　　　　(4)
法的にも<u>道徳</u>的にも問題をはらんでいる。
　　　(5)

(1)　場　　　　　1　じょう　　　　2　じょ　　　　　3　ば　　　　　　4　ばしょ

(2)　威力　　　　1　いりょく　　　2　いりき　　　　3　せいりき　　　4　せいりょく

(3)　発揮　　　　1　ほっき　　　　2　ぱつき　　　　3　はっき　　　　4　ぱっき

(4)　匿名　　　　1　じゃくめい　　2　ときめい　　　3　とくめい　　　4　とくな

(5)　道徳　　　　1　みちとく　　　2　とうどく　　　3　みちどく　　　4　どうとく

問題Ⅱ　下線部のひらがなにあう正しい漢字を選びなさい。

問1　中世の教会堂は、<u>そうしょく</u>的な<u>がいかん</u>と、光と<u>しきさい</u>が<u>ちょうわ</u>した内部の<u>しんぴ</u>
　　　　　　　　　　　(1)　　　　　(2)　　　　　　(3)　　　(4)　　　　　　　　　(5)
的な美しさから、総合的な美術作品といえる。

(1)　そうしょく　1　僧職　　　　2　装飾　　　　3　相色　　　　4　総食

(2)　がいかん　　1　外環　　　　2　外感　　　　3　外間　　　　4　外観

(3)　しきさい　　1　式祭　　　　2　色彩　　　　3　式歳　　　　4　色際

(4)　ちょうわ　　1　調和　　　　2　超和　　　　3　長和　　　　4　徴和

(5)　しんぴ　　　1　真否　　　　2　新碑　　　　3　神秘　　　　4　親非

問2　ウラン<u>かこう</u><u>しせつ</u>の事故でほうしゃのうが漏れ、作業員が被ばくするという<u>さんじ</u>が起
　　　　　　　(1)　　(2)　　　　　　　　(3)　　　　　　　　　　　　　　　(4)
こり、そのずさんな管理が問題となった。

(1)　かこう　　　1　仮構　　　　2　加功　　　　3　加工　　　　4　加口

(2)　しせつ　　　1　私設　　　　2　施設　　　　3　施備　　　　4　設施

(3)　ほうしゃのう　1　方射能　　　2　方斜能　　　3　報謝能　　　4　放射能

(4)　さんじ　　　1　散事　　　　2　惨事　　　　3　参事　　　　4　撒事

問題Ⅲ ＿＿＿＿＿に入れるのに最も適当なものを選びなさい。

(1) 都会や工業地帯に働きに行く人が増え、農村地帯では＿＿＿＿＿化が進んだ。
  1 過密   2 過疎   3 削減   4 減少

(2) 青少年の＿＿＿＿＿を防ぐには、家庭や学校、地域社会の連携が不可欠だ。
  1 犯行   2 有罪   3 反抗   4 犯罪

(3) 1973年に固定相場制度が変動相場制度に＿＿＿＿＿。
  1 入れ替わった 2 すり替わった 3 置き換わった 4 切り替わった

(4) 世界各国の支社を＿＿＿＿＿で結び、会議を行う。
  1 コントロール 2 メッセージ 3 オンライン 4 オートマチック

(5) 鉄が雨や風で＿＿＿＿＿し、さび付いてしまった。
  1 硬化   2 老化   3 酸化   4 進化

(6) インターネットでの直接販売を＿＿＿＿＿トラブルが多発している。
  1 うけおう   2 めぐる   3 かばう   4 かかえる

(7) この個展では名画の主人公と自分の写真を合成するという＿＿＿＿＿手法が注目を浴びた。
  1 独自の   2 自立の   3 独立の   4 独占の

(8) サミット（主要先進国首脳会議）では国際経済の重要な問題が＿＿＿＿＿される。
  1 討議   2 訴訟   3 対処   4 協調

(9) 運転中の車の位置を知るカーナビゲーションには、ミサイルや航空機に使われる誘導システムが＿＿＿＿＿いる。
  1 入り込まれて 2 取り込まれて 3 付け込まれて 4 組み込まれて

(10) 先進国は環境を犠牲にして経済発展を遂げてきた。今、なぜ発展途上にある国々に経済成長の権利を制限しようとするのかと、両者の意見は＿＿＿＿＿対立した。
  1 まちまち   2 かわるがわる 3 つくづく   4 ことごとく

Ⅲ　漢字と語彙をマスターする！

問題Ⅳ ＿＿＿＿に入れるのに最も適当なものを選びなさい。

(1) A：いつまでも自立しない若者が増えていますね。

　　B：そうですね。親のほうでもいつまでもいろいろ＿＿＿＿ますしね。

　1　口をきき　　　　2　口をあけ　　　　3　口をすべらせ　　　4　口をだし

(2) A：みんな吉田社長には一目おいているようですね。

　　B：ええ、吉田氏が社長になってから我が社は＿＿＿＿になりましたからね。

　1　黒字　　　　　　2　赤字　　　　　　3　好況　　　　　　4　不況

(3) A：現代人は、情報に飢えているといわれますね。

　　B：そうですか。だから、ちょっとでも＿＿＿＿と、不安を感じてしまうんですね。

　1　留まる　　　　　2　途絶える　　　　3　仕切る　　　　　4　割り込む

(4) A：携帯電話やパソコンの説明書は、私にはわかりにくくて。

　　B：同感ですよ。私も先日新しいのを買ったんですが、＿＿＿＿いますよ。

　1　腕をみがいて　　2　手を焼いて　　　3　手ぐすね引いて　4　やきもちを焼いて

(5) A：参加者全員で合唱したそうですね。

　　B：ええ、とても＿＿＿＿雰囲気でしたよ。

　1　おおまかな　　　2　おろそかな　　　3　なごやかな　　　4　しとやかな

(6) A：大変なテロ事件が起こりましたね。

　　B：政府の今までの外交努力が＿＿＿＿となりかねませんね。

　1　水入らず　　　　2　寝耳に水　　　　3　水と油　　　　　4　水の泡

(7) A：あのマラソン選手がはいている靴の底は、うちの開発チームが作ったんですよ。

　　B：じゃ、今度の試合でどんなタイムが出るか＿＿＿＿気がかりでしょう。

　1　いざ　　　　　　2　あえて　　　　　3　さぞ　　　　　　4　なんと

(8) A：日本は割ばしから紙おむつやカメラにいたるまで、使い捨て商品が＿＿＿＿いますね。

　　B：ええ、ほんとうに多いですね。

　1　あきれて　　　　2　あふれて　　　　3　こぼれて　　　　4　つまって

問題Ⅴ ＿＿＿＿の言葉がはじめの文と最も近い意味で使われている文を選びなさい。

(1) いいかげん……長引く不況に<u>いいかげん</u>いやになった。政府に何とかしてほしい。

　　1　信用が第一だから、<u>いいかげん</u>な仕事をするわけにはいかない。
　　2　どうせ今日中には終わらない仕事だ。<u>いいかげん</u>でやめておこう。
　　3　30年間同じ仕事の繰り返しで<u>いいかげん</u>あきてきた。
　　4　経営者の<u>いいかげん</u>な説明に株主総会は混乱した。

(2) ゆっくり……間違えないように、<u>ゆっくり</u>入力してください。

　　1　携帯の情報機器が普及して、<u>ゆっくり</u>できる時がなくなった。
　　2　長時間座っていられる<u>ゆっくり</u>したいすがほしい。
　　3　細かい部品の修理は、<u>ゆっくり</u>やった方がいいですね。
　　4　都会のけん騒を離れ、<u>ゆっくり</u>するのもいいものです。

(3) 声……我が社は利用者の<u>声</u>を取り入れた製品づくりを心がけています。

　　1　政府の原子力政策の見直しを求める<u>声</u>があがっている。
　　2　このFAXを使うときには事務の人に<u>声</u>をかけてくださいね。
　　3　この地域は町内で<u>声</u>をかけあって資源ごみの回収に力を入れているんです。
　　4　最近はコンピュータから出る<u>声</u>が良くなりましたね。

(4) はば……彼は人間に<u>はば</u>が出てきた。

　　1　彼は芸能界で<u>はば</u>をきかせている。
　　2　今回の公演では出演者がおお<u>はば</u>に入れ替わった。
　　3　全員が横に並べるだけの舞台の<u>はば</u>が必要だ。
　　4　彼は芸の<u>はば</u>が広いので人気がある。

(5) はかる……捕虜は逃亡を<u>はかった</u>が失敗した。

　　1　この問題は次の会議に<u>はかる</u>ことになっている。
　　2　彼は政界への再起を<u>はかって</u>いる。
　　3　今回の攻撃は相手国の軍事力を<u>はかる</u>ことが目的だったようだ。
　　4　目的地までの距離を<u>はかる</u>装置が故障した。

「機能語をマスターする！」は、機能に従って、8つの項目に分かれています。プレイスメントテストを終えて、どの機能が弱かったか発見できたことでしょう。ここでは項目別に、それらの機能語の運用能力を高める練習をしていきます。

各項目は、機能ごとにまとめられ、次のようなトピックから構成されています。

＜項目別パワーアップ問題の内容構成＞

1. 時

「予約」「コンビニ」「銀行サービス」のトピックで、「時」に関する表現の運用能力を養います。

2. 取り立て

「労働時間」「過労死」「リストラ」「就職」のトピックで、「取り立て」に関する表現の運用能力を養います。

3. 強調

「環境問題」のトピックで、「強調」に関する表現の運用能力を養います。

4. 程度

「健康」「スポーツのブーム」のトピックで、「程度」に関する表現の運用能力を養います。

5. 関係

「若者の企業離れ」「若者の生き方」のトピックで、「関係」に関する表現の運用能力を養います。

6. 断定

「宇宙」「ロボット」のトピックで、「断定」に関する表現の運用能力を養います。

7. 状態・様子

「現代の親子関係」「子育て」「塾通い」のトピックで、「状態・様子」に関する表現の運用能力を養います。

8. その他

「産業構造の変化」のトピックで、その他の表現の運用能力を養います。

■各項目の構成

これは覚えよう……その項目で覚えておくべき機能語です。

まず、これを覚えてから始めましょう。

問題1……機能語や接続の形、助詞を問う問題です。

よく使われる言い方を、トピックに関する文で学べます。

覚えて自分のものにしましょう。

問題2……機能語が入った文の後半を問う問題です。

機能語の正しい使い方が理解できます。

話の流れから後半を推測する力がつきます。

問題3……機能語を使って文を書く、記述式の問題です。

機能語とトピックを関連させて短文を書くことで、「書く楽しさ・難しさ」がわかり、文章力や類推力、語彙力がつきます。

確認問題

ここは、項目別パワーアップ問題の確認です。各項目から特に重要な問題を一つずつ出してありますので、パワーアップしたことを確認してみましょう。

Ⅳ　機能語をマスターする！

機能語マスターの鉄則！

1. 機能語を覚える時には、前の品詞（名詞・動詞・形容詞など）、接続の形（辞書形・て形・ない形など）も一緒に覚えよう。

2. よく似た意味のものは、違いに注意しよう。

3. それぞれの表現をいつ、どのように使うのか、場面の中で覚えよう。

4. 日ごろから、テレビのニュース、新聞記事、社説などにできるだけ接するようにしよう。

5. わからない言葉は辞書で調べて、使える言葉を増やそう。

1. 時

☞ **これは覚えよう**

□かたわら　　□がてら　　□が早いか　　□そばから　　□てからというもの
□ところを　　□なり　　　□にあって　　□や／や否や　　□を皮切り（に／として）

問題1 ＿＿＿＿＿に入れるのに最も適当なものを選びなさい。

問1 コンビニエンス・ストアが登場して＿＿＿(1)＿＿＿、人々の生活は大きく変化した。忙しい生活に追われる現代＿＿＿(2)＿＿＿コンサートのチケットや航空券の購入、ホテルの予約、銀行のATMの使用、公共料金の振込みなどまでが可能なコンビニエンス・ストアはわれわれに欠かせないものになっている。

(1) 1　からでいうもの　　　　　　2　からにいうもの
　　 3　からをいうもの　　　　　　4　からというもの
(2) 1　でも　　　2　にあって　　　3　から　　　　　4　なら

問2 グループAのコンサートが東京＿＿＿(1)＿＿＿皮切りに全国各地で行われることになった。人気グループだけあってチケットは受け付けが＿＿＿(2)＿＿＿が早いか5分で売り切れてしまった。

(1) 1　に　　　　　2　が　　　　　3　で　　　　　4　を
(2) 1　始まる　　　2　始まり　　　3　始まって　　　4　始まろう

問3 いまやお弁当はコンビニの主力商品である。棚に並べる＿＿＿＿＿＿、飛ぶように売れていく。

1　そばには　　　2　そばから　　　3　そばへは　　　4　そばでは

問4 主婦として家庭を守る＿＿＿(1)＿＿＿社会に出て仕事をもつ女性たちが増えている。彼女らは仕事を終えて家に＿＿＿(2)＿＿＿が早いか、妻や母へと変身する。そんな忙しい女性を支えてくれるのが、冷凍食品、レトルト食品、量り売りの惣菜などである。

(1) 1　かたわら　　　2　かたがた　　　3　かたでは　　　4　のに
(2) 1　帰り　　　　　2　帰って　　　　3　帰ろう　　　　4　帰る

問5　お忙しい＿＿＿＿＿お電話さしあげ申しわけございません。当○○銀行では、来月からテレ
　　　ホンバンキングのサービスを始めさせていただくことになりましたので、そのご案内をさ
　　　しあげております。

　　　1　ところで　　　2　ところの　　　3　ところが　　　4　ところを

問6　テレビでその商品が体にいいと＿＿＿＿＿や否やスーパーや小売店で売り切れが続出した。

　　　1　紹介　　　　　2　紹介しよう　　3　紹介される　　4　紹介したら

問題2　＿＿＿＿＿に入れるのに最も適当なものを選びなさい。

(1) 来日してからというもの、＿＿＿＿＿。

　　　1　富士山に登ったことがある　　　2　国を思い出さない日はない
　　　3　国の友達に手紙を書いた　　　　4　コンビニのおにぎりが好きだ

(2) 弟は帰るなり＿＿＿＿＿。

　　　1　出かけなさい　　　　　　　　　2　出かけるでしょう
　　　3　出かけるつもりです　　　　　　4　出かけました

(3) コンビニを皮切りに＿＿＿＿＿。

　　　1　おいしいパンを買おう
　　　2　コピーしてから帰ろう
　　　3　本屋、薬局などが次々に24時間営業を始めた
　　　4　旅行の予約をした

(4) 運動がてら、＿＿＿＿＿。

　　　1　友達とテニスをする　　　　　　2　遠くのコンビニまで牛乳を買いに行った
　　　3　満員電車で通勤する　　　　　　4　京都へ旅行しませんか

(5) 彼は歌手活動のかたわら、＿＿＿＿＿。

　　　1　歌を歌っていたそうだ
　　　2　紅白歌合戦に出場したそうだ
　　　3　ヨーロッパ旅行をしたそうだ
　　　4　コンビニでアルバイトをしていたそうだ

問題3　「や否や」を使って、自分の「日本での生活環境」について書いてみよう。

IV　機能語をマスターする！

2. 取り立て

☞ **これは覚えよう**

□ごとき／ごとく　　□（で）すら　　□だに　　□ではあるまいし　　□ときたら
□とは　　□ともなると／ともなれば　　□なりに／なりの　　□にして　　□をもって

問題1 ＿＿＿＿＿＿＿に入れるのに最も適当なものを選びなさい。

問1 長時間労働国として知られる日本では、その短縮への努力がなされている。ヨーロッパでは、夏の夕暮れ時＿＿＿＿＿＿、戸外でスポーツに興じる人々をあちらこちらで目にする。

　1　ともなると　　2　ともあろうと　　3　ともすれば　　4　ともなるなら

問2 働き蜂＿＿＿(1)＿＿あるまいし、日本のサラリーマン＿＿＿(2)＿＿休日まで働く＿＿＿(3)＿＿あきれたものだ。

　(1)　1　には　　　　2　から　　　　3　ので　　　　4　では
　(2)　1　とみたら　　2　ときたら　　3　となったら　　4　としたら
　(3)　1　をは　　　　2　では　　　　3　とは　　　　4　には

問3 サービス残業や休日出勤など、欧米のサラリーマンには想像だに＿＿＿＿＿＿ことであろう。

　1　できない　　2　できる　　　3　できよう　　4　できた

問4 会社には会社＿＿＿＿＿＿考えがあるのだろうが、長期の住宅ローンや教育費を払わなければならない身には、リストラは簡単には受け入れられないことだ。

　1　なりの　　　2　きりの　　　3　こその　　　4　ならの

問5 新卒者＿＿＿＿＿＿就職が難しい時代なのだから、40半ばの私にとって再就職の道は非常に険しい。

　1　ときたら　　2　として　　　3　とって　　　4　にして

問6 「本日＿＿＿＿＿＿、○○社に出向を命ず。」──リストラされることを思えば、出向も受け入れざるを得ない。

　1　をもって　　2　によって　　3　を限って　　4　において

問7　大企業____(1)____倒産するのだから、我が社____(2)____中小企業が倒産しても不思議はない。

(1)　1　だから　　　　2　ですら　　　　3　なんて　　　　4　まして
(2)　1　ごとく　　　　2　ように　　　　3　ごとき　　　　4　ような

問題2　_____に入れるのに最も適当なものを選びなさい。

(1)　外資系企業ともなれば、_____。

　　1　会議を英語でするのは当然だ
　　2　外国の会社が多い
　　3　外国の会社にほかならない
　　4　社員食堂のランチがおいしい

(2)　Ａ：きのうのニュース見た？

　　　Ｂ：うん、あの大臣の発言ときたら、_____。

　　1　何を考えているんだか、本当に見識を疑うね
　　2　日本人として、誇りに思うね
　　3　大臣らしくて、なかなかだね
　　4　すばらしいの一語につきるね

(3)　産休が認められていても、有給休暇すら_____。

　　1　簡単に取っている
　　2　取りかねる職場が少ない
　　3　取りにくい職場が多い
　　4　取りがたい職場があるとはいえない

(4)　いくら不況といっても、工場ごと閉鎖とは_____。

　　1　当然のことと言えなくもない
　　2　驚いたものだ
　　3　やっぱり思っていたとおりだ
　　4　いたしかたがないだろう

問題3　「なりに／なりの」を使って、「日本と自国との文化の違い」について書いてみよう。

3. 強調

☞ これは覚えよう

□こととて　　□ただ～のみ(ならず)　　□とあって　　□とあれば　　□ならでは(の)
□ばこそ　　□ひとり～だけでなく／のみならず　　□べく　　□ゆえ(に／の)
□をおいて　　□んがため(に／の)

問題1 _____に入れるのに最も適当なものを選びなさい。

問1 有害化学物質中でも、最悪の毒物といわれるダイオキシンが世界的に問題となっている。ゴミ焼却時に排出されるダイオキシンの発生を___(1)___べく、いろいろな対策が打ち出されている。ゴミの燃焼方式の改善に加えて、徹底した分別により塩ビ製品を焼却しないことが急務である。それには、___(2)___行政のみならず消費者である市民の環境問題への自覚が不可欠である。「未来を引き継ぐ子供たちのため」___(3)___あれば、ゴミの減量、分別回収に努力せねばなるまい。

(1) 1　抑える　　　2　抑えん　　　3　抑えて　　　4　抑えた
(2) 1　ひとつ　　　2　ひとり　　　3　たとえば　　　4　たとえ
(3) 1　と　　　　　2　に　　　　　3　も　　　　　　4　が

問2 近年地球の気温が高まり、いたるところで自然や生活環境に悪影響が生じている。この問題を解決___(1)___がために、全世界の国々が真剣に___(2)___。

(1) 1　する　　　2　すべき　　　3　しよう　　　4　せん
(2) 1　取り組まなくてもいい　　　2　取り組みをはじめている
　　3　取り組むかもしれない　　　4　取り組んでもいい

問3 温室効果ガスを発生させるが_____、化石燃料の消費削減が急がれている。

1　からに　　　2　ゆえに　　　3　ように　　　4　ごとく

問4 ペットボトルの再利用には手間も経費もかかる_____、再利用されず山積みになっているのが現状だ。

1　とあって　　　2　とある　　　3　とあっても　　　4　とあった

問5　乗用車1台の99パーセントを再利用するドイツ＿＿＿＿＿＿＿のリサイクルシステムを我が国でも学ぶべきだ。

　　1　だけでは　　　2　からでは　　　3　ためでは　　　4　ならでは

問6　今何＿＿＿＿＿＿＿しなければならないことは、われわれの生活の見直しである。

　　1　においても　　2　をおいても　　3　はあっても　　4　にあっても

問題2　＿＿＿＿＿＿＿に入れるのに最も適当なものを選びなさい。

(1)　科学技術の進展は、ただ地球環境の悪化をもたらしたのみならず、＿＿＿＿＿＿＿＿。

　　1　何年か後の月旅行さえ可能にした
　　2　生存そのものさえ危うくしようとしている
　　3　気候さえも変えられる技術を獲得した
　　4　砂漠まで緑化した

(2)　オゾンホールの拡大を防止せんがために、＿＿＿＿＿＿＿。

　　1　フロンガスの使用をやめてください　　　2　特定フロンガスの全廃が議決された
　　3　フロンガスを使うのを止めましょう　　　4　フロンガスは使うな

(3)　A：どうして、私にばかり、おっしゃるんですか。
　　　B：あなたの将来を＿＿＿＿＿＿＿、言うんですよ。

　　1　考えるならばこそ　　　　　　　2　考えるばこそ
　　3　考えたらばこそ　　　　　　　　4　考えればこそ

(4)　「慣れぬこととて、＿＿＿＿＿＿＿。」

　　1　許されない　　　　　　　　　　2　大変失礼いたしました
　　3　慣れるまで待とう　　　　　　　4　迷惑をかけられてしまった

(5)　環境ホルモンの汚染を食い止められるのは今をおいて、＿＿＿＿＿＿＿。

　　1　いつでもかまわないだろう　　　2　いつかできる日が来るだろう
　　3　来年まで待つことにしましょう　4　ほかにはない

問題3　「ばこそ」を使って、「自分の家族と自分の関係」について書いてみよう。

4. 程度

□かぎりだ　　□からある　　□極まる／極まりない　□しまつだ　　□たりとも
□たる　　□といったらない／といったらありはしない（ありゃしない）　　□ないまでも
□に至る（まで）／に至って（は／も）　　□にたえる／にたえない
□の至り　　□はおろか

問題1　＿＿＿＿＿に入れるのに最も適当なものを選びなさい。

問1　このたびは、当スポーツクラブが最優秀スポーツクラブ賞をいただき、光栄＿＿＿（1）＿＿＿で
ございます。現在80＿＿＿（2）＿＿＿スポーツクラブのなかで当クラブが選ばれましたことは
喜び＿＿＿（3）＿＿＿。

(1)　1　に至り　　　　2　の至り　　　　3　が至り　　　　4　至り
(2)　1　からある　　　2　まである　　　3　ともある　　　4　のである
(3)　1　をたえます　　2　がたえません　3　にたえます　　4　にたえません

問2　我がスポーツクラブから全国大会に出場する選手が出たことは＿＿＿＿＿かぎりです。

1　喜ぶ　　　　　　2　喜ばしい　　　3　喜んだ　　　4　喜ばしく

問3　選手＿＿＿（1）＿＿＿もの、自分の健康には注意を払い、1日＿＿＿（2）＿＿＿練習を怠ってはいけな
い。

(1)　1　べき　　　　　2　なる　　　　　3　たる　　　　　4　たい
(2)　1　からある　　　2　たりとも　　　3　にたえる　　　4　かぎり

問4　有酸素運動は酸素を体に取り入れながら一定のペースで長く続けられる運動である。この
ような運動は、スタミナの維持・向上・成人病の予防等に役立つ。毎日1時間とはいわな
い＿＿＿＿＿、せめて20分は運動することが望ましい。

1　までも　　　　2　からも　　　　3　までに　　　　4　からに

問5　こんなに込んでいる海水浴場でジェットスキーを乗りまわすなんて、＿＿＿＿＿極まりない。

1　危険　　　　　2　安心　　　　　3　楽しさ　　　　4　残念

問6　最近は、肌着＿＿＿(1)＿＿＿、家電製品、ボールペンなどの文房具＿＿＿(2)＿＿＿さまざまな抗菌グッズが売り出されている。

(1)　1　はあるが　　　　2　は問わず　　　　3　は言わず　　　　4　はおろか
(2)　1　に至っては　　　2　に至るまで　　　3　に至るので　　　4　に至っても

問7　悲しいと＿＿＿(1)＿＿＿ありゃしない。あれだけダイエットしたのに逆に太る＿＿＿(2)＿＿＿。

(1)　1　いって　　　　　2　いうと　　　　　3　いったら　　　　4　いっても
(2)　1　しまつだ　　　　2　しまいだ　　　　3　かぎりだ　　　　4　かぎった

問題2　＿＿＿＿＿＿に入れるのに最も適当なものを選びなさい。

(1)　A：先生、1日ビール1本ぐらいならいいですか。

　　　B：当分の間、アルコールは1滴たりとも、＿＿＿＿＿＿。

　　1　飲みなさい　　　　　　　　　　2　飲んではいけません
　　3　飲んでもいいです　　　　　　　4　飲みましょう

(2)　鈴木さんはマラソンが大好きで、国内はおろか＿＿＿＿＿＿。

　　1　日本中のレースに参加している
　　2　日本中のレースに参加するしまつだ
　　3　海外のレースにも参加している
　　4　海外のレースには参加したことがない

(3)　A：いやあ、つまらない試合でしたね。

　　　B：本当に＿＿＿＿＿＿。

　　1　見るにたえませんでしたね　　　2　見るにたりませんでしたね
　　3　見るにたえられましたね　　　　4　見るにたりましたね

(4)　薬物を使用する人間に、オリンピック選手たる＿＿＿＿＿＿。

　　1　資格がないとはいえない　　　　2　資格にたりない
　　3　資格は十分だろう　　　　　　　4　資格はない

問題3　「はおろか」を使って、「自国や日本のレジャー活動」について書いてみよう。

5. 関係

□いかん（だ／で／によっては／によらず／にかかわらず）　□（よ）うが（〜まいが）
□が最後　□ことなしに　□と相まって　□といい〜といい　□なしに（は）
□にかかわる　□に即して／た　□にひきかえ　□にもまして　□をよそに

問題1 _____に入れるのに最も適当なものを選びなさい。

問1　バブル経済崩壊以来の長期不況と人員合理化とが＿＿＿(1)＿＿＿、かつて「金の卵」といわれた若年労働者＿＿＿(2)＿＿＿、昨今の就職事情は厳しいものとなっている。
　　一方で相次ぐ大企業の破たん、倒産とともに、終身雇用・年功序列といった日本的雇用制度が大きく変化し、若者の意識も急速に変わってきている。志望の企業に就職したところで業績が悪くなった＿＿＿(3)＿＿＿最後、簡単にリストラされてしまう現実を目の当たりにして、若者自身の企業ばなれも進んでいるのである。最近は親世代の心配を＿＿＿(4)＿＿＿に、フリーターと呼ばれるあえて定職を持とうとしない若者が、以前にも＿＿＿(5)＿＿＿増えているのである。

(1)　1　相まって　　　2　相なって　　　3　相またず　　　4　相またれ
(2)　1　でから　　　　2　でなく　　　　3　ですら　　　　4　であり
(3)　1　の　　　　　　2　も　　　　　　3　に　　　　　　4　が
(4)　1　よそ　　　　　2　そと　　　　　3　あと　　　　　4　なか
(5)　1　たして　　　　2　まして　　　　3　へって　　　　4　よって

問2　携帯電話＿＿＿(1)＿＿＿、一日たりとも＿＿＿(2)＿＿＿という若者が増えているようだ。ウォークマン＿＿＿(3)＿＿＿、携帯電話＿＿＿(3)＿＿＿、他人の迷惑を考えず自分の世界に浸りきっている。周りに人が＿＿＿(4)＿＿＿おかまいなしだ。

(1)　1　なしには　　　2　なければ　　　3　ないのに　　　4　なくとも
(2)　1　過ごせる　　　2　過ごす　　　　3　過ごせない　　4　過ごした
(3)　1　といい　　　　2　なり　　　　　3　すら　　　　　4　とも
(4)　1　いようがいないが　　　　　2　いまいがいるが
　　　3　いようがいまいが　　　　4　いまいがいないが

問3　結婚しても子供が欲しくないという若者の声をよく聞く。出生率の低下は日本の将来に
　　　　　_____大きな問題だ。

　　1　めぐる　　　　　2　基づく　　　　3　もとにする　　4　かかわる

問4　2020年には、15歳から64歳の日本人2.2人で、一人の高齢者を支えていかなければならな
　　　い。現状に_____早急な対策が待たれる。

　　1　即した　　　　2　対した　　　　3　関する　　　　4　至る

問題2　_____に入れるのに最も適当なものを選びなさい。

（1）若者に薬物汚染が広まっている。一度使い始めたが最後、_____。

　　1　いつまでも抜け出せなくなる　　　2　すぐやめられる人が多い
　　3　抜け出すのは簡単だ　　　　　　　4　薬に依存することなどありえない

（2）A：犯人にも同情の余地がありますよね。
　　　B：いや、理由のいかんにかかわらず、_____。

　　1　許すべきでしょう　　　　　　　　2　許せることではありません
　　3　許しはしないでしょう　　　　　　4　お許しください

（3）あっさり仕事を変えていく若者にひきかえ、_____。

　　1　中高年者は長年勤めた会社にしがみつく傾向が強い
　　2　中高年者も最近は転職率が増えた
　　3　若者の考えも最近変わりつつある
　　4　高校生や大学生がアルバイトに精を出している

（4）苦労することなしに甘やかされて育った若者は、_____。

　　1　粘り強く何事も最後まであきらめない
　　2　忍耐力があり途中で投げ出すことはない
　　3　自立心が強く一度決めたらやり遂げずにはおかない
　　4　ちょっと注意されただけですぐ会社をやめてしまう

問題3　「にひきかえ」を使って、「安全対策」について書いてみよう。

6. 断定

□ずにはおかない／すまない　　□てやまない　　□ないものでもない　　□にあたらない

□ばそれまでだ　　□までもない／なく　　□を余儀なくされる／させる

問題1 _____に入れるのに最も適当なものを選びなさい。

問1 新型の地雷探知機は、利用の仕方によっては「兵器」にならない_____でもない。

1　こと　　　　　2　もの　　　　　3　から　　　　　4　だけ

問2 1957年のソ連の第1号の人工衛星____(1)____、その後次々に打ち上げられてきた衛星は、われわれの生活を____(2)____にはおかなかった。

(1)　1　にとって　　　2　にあたって　　　3　をおいて　　　4　を皮切りとして
(2)　1　変わる　　　　2　変える　　　　3　変わらず　　　4　変えず

問3 データの裏づけのない田中教授の新理論など、信ずるに_____。

1　やまない　　　2　あたらない　　3　たりる　　　　4　おかない

問4 言う____(1)____もなく、宇宙開発には危険も伴う。1986年のスペースシャトル「チャレンジャー」の爆発事故によって、シャトルの利用計画は大幅な遅れを余儀____(2)____。

(1)　1　から　　　　2　まで　　　　3　ので　　　　4　とき
(2)　1　してもらった　　　　2　なくされた
　　　3　なくした　　　　　　4　あった

問5 現代では放送衛星の映像によってほぼリアルタイムで世界の情報を得られる。航行衛星GPSは、船舶____(1)____自家用車にも搭載され、位置確認に使われている。その精密な技術が軍事に使われることなしに平和利用されることを願って____(2)____。

(1)　1　のみならず　　　2　だけならず　　　3　のみに　　　4　だけで
(2)　1　とまらない　　　2　やめない　　　3　やまない　　　4　とめない

問6 犬型のロボットが人気を呼んでいると言う。限定発売というキャッチフレーズが人々の気持ちをあおりたて、売り出す___(1)___売り切れて、ついに追加発売されることになった。商売のうまさにのせられたと言ってしまえ___(2)___それまでだが、ペットにまでロボットが登場することに、何か違和感を感じないものでも___(3)___。病気もしない、忙しい時は電池を抜いてしまえばえさをやらなくても泣かないペット。われわれはペットの犬や猫の体温に安らぎを求めていたのではなかったのだろうか。

(1) 1　から　　　　　2　あと　　　　　3　なり　　　　　4　すぐ

(2) 1　ば　　　　　　2　たら　　　　　3　と　　　　　　4　なら

(3) 1　なし　　　　　2　ない　　　　　3　ある　　　　　4　あり

問7 「人に_____わかってますよ。」

1　言うまでもなく　　　　　　　　2　言うものでなく

3　言われるまでもなく　　　　　　4　言われないものでもなく

問題2　_____に入れるのに最も適当なものを選びなさい。

(1) オリンピックの開会式における衛星を使った世界五大陸同時合唱は記憶に新しいが、今やこんなことは驚く_____。

1　を禁じ得ない　　　　　　　　　2　にかたくない

3　にあたらない　　　　　　　　　4　でなくてなんだろう

(2) A：みんなが手伝ってくれるなら、_____、一人じゃ……。

　　B：できるかぎり応援するから、やってくれよ。

1　やるものでもないけど　　　　　2　やめないものでもないけど

3　やめるものでもないけど　　　　4　やらないものでもないけど

(3) 台風の上陸でロケットの打ち上げは延期_____。

1　を余儀なくされた　　　　　　　2　してやまなかった

3　せずにはおかなかった　　　　　4　するにあたらなかった

(4) 多額の資金を投入しても、_____。

1　打ち上げに成功すればそれまでだ　　　　2　うまく軌道に乗ればそれまでだ

3　打ち上げ後爆発してしまえばそれまでだ　　4　無事帰還できればそれまでだ

問題3　「を余儀なくされる」を使って、「天候と季節」について書いてみよう。

7. 状態・様子

☛ **これは覚えよう**

□ きらいがある　　□ ずくめ　　□ っぱなし　　□ とばかりに　　□ ともなく／なしに
□ ながらに／の　　□ まみれ　　□ めく／めいた　　□ をものともせず(に)
□ んばかり (だ／に／の)

問題1 _____ に入れるのに最も適当なものを選びなさい。

問1 親子の関係が変わりつつある。産み____(1)____で自分とは全く関係ない____(2)____子供
を放置する親がおり、放置された子供の事故も後を絶たない。「大人になりきれない親」
が増えているのだ。

(1) 1　まみれ　　　　2　まま　　　　　3　ずくめ　　　　4　っぱなし
(2) 1　とばかりに　　2　ながらに　　　3　ともなく　　　4　ともなしに

問2 進学塾に通う子供たちは、学校の授業は受験には役に立たないと____(1)____ばかりの態度
で授業を軽視する____(2)____。

(1) 1　言わない　　　2　言おう　　　　3　言った　　　　4　言わん
(2) 1　きらいがある　2　といったらない　3　にあたらない　4　いかんだ

問3 小さいころから勉強_____で、社会性を身につけてこなかった官僚のありかたが今問わ
れている。

1　ずくめ　　　　2　まみれ　　　　3　まじき　　　　4　がてら

問4 介護保険のニュースを見て、私たちの老後はだれが面倒を見てくれるのだろうかと_____
考えた。

1　考えるともなく　　2　考えろともなく　　3　考えようともなく　　4　考えたともなく

問5 ____(1)____ながらの障害を____(2)____明るく生きる彼の姿は、子供たちに勇気を与えるだろう。

(1) 1　生まれた　　　　2　生まれ　　　　　3　生まれる　　　　4　生まれない
(2) 1　わけともせずに　2　ことともせずに　3　もろともせずに　4　ものともせずに

問6 私のやり方が悪いならそんな皮肉＿＿＿＿言い方をしないで、はっきり言ってください。

1 めいた 　　　 2 らしい 　　　 3 ごとき 　　　 4 まじき

問7 都会では空き地も減って、泥＿＿＿＿になって遊ぶ場所もなくなった。

1 まみれ 　　　 2 っぽい 　　　 3 ぎみ 　　　 4 ずくめ

問8 息子は規則＿＿＿＿の学校を嫌い、一学期で中退してしまった。

1 めいた 　　　 2 かぎり 　　　 3 ながら 　　　 4 ずくめ

問題2 ＿＿＿＿に入れるのに最も適当なものを選びなさい。

(1) 彼女は若すぎるという周囲の反対をものともせずに、＿＿＿＿。

1 彼との交際をあきらめた
2 高校に進学した
3 深刻に悩み続けた
4 結婚して子どもを産んだ

(2) インターネットを利用して、家にいながらにして、＿＿＿＿。

1 塾の授業が受けられるようになった
2 塾の授業がわからなくなってきた
3 塾への通学が便利になってきた
4 塾通いの時間が長くなってきた

(3) 私が大学に合格した時、祖母は涙を流さんばかりに＿＿＿＿。

1 泣き出した
2 泣こうともしなかった
3 喜んでくれた
4 喜ばなかった

問題3 「っぱなし」を使って、「文化遺産」について書いてみよう。

8. その他

☞ これは覚えよう

☐たところで　　☐であれ（～であれ）　　☐といえども　　☐と思いきや
☐とはいえ　　☐ながらも　　☐にかたくない　　☐べからず／ざる
☐もさることながら　　☐ものを　　☐（よ）うにも～ない

問題1 _____に入れるのに最も適当なものを選びなさい。

問1 長期の不況下_____、一人当たりのGDPや対外純資産などで見た経済は、依然世界最高水準である。

　　1　とあれば　　　2　とはいえ　　　3　ゆえに　　　　4　がため

問2 国内企業の海外進出は、産業空洞化を深刻にしつつある。製造業____(1)____サービス業
____(1)____、今後も厳しい局面が続いていくことは想像に____(2)____。今後の課題としては、労働生産性の向上が欠く____(3)____ものと言えよう。

　(1)　1　とあれ　　　　　2　とあり　　　　　3　であれ　　　　　4　であり
　(2)　1　むずかしい　　　2　かたくない　　　3　やさしい　　　　4　たやすい
　(3)　1　べし　　　　　　2　べき　　　　　　3　べからざる　　　4　べからない

問3 高度先進工業国の日本____(1)____、当然のことながらその地位は不動ではない。「ジャパン・アズ・ナンバーワン」____(2)____、バブル経済の崩壊とともに長期の不況によって、製造業はリストラの嵐の中にある。

　(1)　1　ならでは　　　2　といえども　　3　だから　　　　4　のごとく
　(2)　1　と思っても　　2　と思うが　　　3　と思いしや　　4　と思いきや

問4 産業構造の変化を数字で見てみると、1955年から1994年の約40年で、GDPの構成比は、第1次産業は20％から5％へ、第2次産業はほぼ横ばいで33％から34％へ、第3次産業では47％が64％へと変化している。第2次産業の構成比の変化は小さい_____、その中身は鉄鋼、造船などの重化学工業からマイクロエレクトロニクスなどの先端技術産業へと大きく変わってきている。

　　1　とはいえ　　　2　からには　　　3　とすれば　　　4　からといって

問5 不況による賃金低下も＿＿＿＿＿ながら、年金制度への不安も人々の心を暗くしている。

　　1　さるとき　　　2　あるとき　　　3　さること　　　4　あること

問6 再就職先が＿＿＿＿＿ところで、今よりいい条件は望めない。

　　1　見つかった　　2　見つかる　　　3　見つけた　　　4　見つける

問題2　＿＿＿＿＿に入れるのに最も適当なものを選びなさい。

(1) 深刻な経営危機に直面している企業が多い中、規模としては小さいながらも、＿＿＿＿＿。

　　1　技術とアイデアが伴わず不況で倒産する企業も多い

　　2　世界市場でも評価されない企業もある

　　3　特化した技術とアイデアによって世界的なシェアを獲得している企業もある

　　4　規模を拡大していけない企業もある

(2) 食料自給率の急速な低下の流れは、止めようとしたところで、もう＿＿＿＿＿。

　　1　止めないだろう　　　　　　　　2　止められるだろう

　　3　止まるだろう　　　　　　　　　4　止めようがないだろう

(3) 「私に早く相談してくれれば間に合ったものを、＿＿＿＿＿。」

　　1　今からでも遅くはないですよ　　2　まだ大丈夫だと思いますよ

　　3　おかげでよかったですね　　　　4　今となっては、もう遅いですよ

(4) 銀行が融資をしてくれないことには、事業を続けようにも＿＿＿＿＿。

　　1　無理に続けたいとは思わない　　2　このまま続くだろうか

　　3　どうにも続けられない　　　　　4　やはり続けられるようになるだろう

(5) 大企業であれ中小企業であれ、＿＿＿＿＿。

　　1　大企業にはリストラは関係ない

　　2　リストラが必要であることには変わりはない

　　3　大企業こそリストラが必要だ

　　4　中小企業さえリストラが必要だ

問題3　「であれ（〜であれ）」を使って、自分の「学習環境」について書いてみよう。

(1) 男女雇用機会均等法ができた＿＿＿＿＿、現実には女性の働く場所は限られている。

    1　からして　　　　　　2　ので　　　　　　　　3　でも　　　　　　　　4　とはいえ

(2) みなさまのご協力＿＿＿＿＿、今日の成功はなかったでしょう。

    1　ないでは　　　　　　2　のおかげで　　　　　3　があったので　　　　4　なしには

(3) 入院する＿＿＿＿＿、はじめて自分の食生活について考えた。

    1　に至っては　　　　　2　に至って　　　　　　3　に至るまで　　　　　4　に至っても

(4) 重油流出の被害は、周辺海域は＿＿＿＿＿、岸辺の動植物にまで及ぶ。

    1　までか　　　　　　　2　からか　　　　　　　3　だめか　　　　　　　4　おろか

(5) 私も若いころ女優を目指していたことがあります。現実の厳しさを知って＿＿＿＿＿こそ反対
するのです。

    1　いれば　　　　　　　2　いるば　　　　　　　3　いたら　　　　　　　4　いると

(6) 沖縄＿＿＿＿＿のエメラルドグリーンの海で、思う存分ダイビングを楽しんだ。

    1　ならでは　　　　　　2　だから　　　　　　　3　にして　　　　　　　4　からには

(7) 「私＿＿＿＿＿頑張ったつもりですが、こんな結果になってしまって申しわけありません。」

    1　として　　　　　　　2　なりに　　　　　　　3　でも　　　　　　　　4　だって

(8) 1級合格者＿＿＿＿＿、レポートも上手に書けるものだ。

    1　さすがなると　　　　2　からなると　　　　　3　ともなると　　　　　4　でもなると

(9) 止めよう思い＿＿＿＿＿、ついたばこに手が行ってしまう。我ながら情けないものだ。

    1　けれども　　　　　　2　ながらも　　　　　　3　だからも　　　　　　4　ますので

(10) 息子の嫁にとは言わない＿＿＿＿＿、うちの会社で働いてもらいたいものだ。

    1　までも　　　　　　　2　からも　　　　　　　3　おろか　　　　　　　4　かぎり

(11) きのうの暖かさにひきかえ、今日の＿＿＿＿＿は……。春はまだ来ないらしい。

    1　暑さ　　　　　　　　2　暖かさ　　　　　　　3　寒さ　　　　　　　　4　涼しさ

(12) 現代社会はコンピュータの存在＿＿＿＿＿成立しない。

    1　ないでは　　　　　　2　なしに　　　　　　　3　なくて　　　　　　　4　なりに

(13) 自分が間違っていたら謝る。そんなことは人に聞く_____、わかりきったことだ。

1 だけもなく　　　　2 までもなく　　　　3 まであって　　　　4 だけあって

(14) ゲートが_____や、馬は一斉に走り出した。

1 開いた　　　　　　2 開ける　　　　　　3 開く　　　　　　　4 開いている

(15) 金_____の政治家に国の将来を語る資格などない。

1 だらけ　　　　　　2 めいた　　　　　　3 らしい　　　　　　4 まみれ

(16) 初めにきちんと説明さえしておけば、わかってもらえた_____。「後悔先に立たず」とは
このことだ。

1 からに　　　　　　2 ものを　　　　　　3 ゆえに　　　　　　4 からを

(17) 無知_____おかした過ちとはいえ、許されるものではない。

1 からに　　　　　　2 なのに　　　　　　3 までに　　　　　　4 ゆえに

(18) 国民の反対を_____その法案は国会で可決された。

1 うちに　　　　　　2 よそに　　　　　　3 うちで　　　　　　4 よそで

(19) 不況が長引いている_____、百貨店の売上は大幅に減少している。

1 とあって　　　　　2 とあれば　　　　　3 からには　　　　　4 からといって

(20) ロンドン留学から帰国した夏目漱石は、東京大学で英文学を教える_____小説を執筆した。

1 かたわら　　　　　2 かたがた　　　　　3 ながら　　　　　　4 同時に

(21) 金融監督庁が設立され_____、日本の金融機関の再編は非常な速度で進んでいる。

1 たからというもの　2 たからには　　　　3 てからというもの　4 てからというのに

(22) 最近の若者_____、シルバーシートであろうがお構いなく席を占領して声高に話してい
る。こんなことを言うようになったのは私も年を取ったということだろうか。

1 としたら　　　　　2 としても　　　　　3 たるもの　　　　　4 ときたら

(23) 核兵器廃絶を世界に訴えることができるのは、唯一の被爆国、日本を_____ほかにはな
いのではないだろうか。

1 さして　　　　　　2 とって　　　　　　3 おいて　　　　　　4 ついて

Ⅳ　機能語をマスターする！

(24) サラリーマンの朝は忙しい。前夜遅く帰宅して疲れきった身には早くから起きだす余裕な
どあるはずがない。新聞に目を通しながら、トーストにコーヒーの朝食を済ませる。一分
＿＿＿＿＿＿無駄にはできないのだ。

　　1　だからといって　　2　たりとも　　　　　3　しか　　　　　　　4　のみ

(25) 今日はひどい一日だった。寝坊して電車には乗り遅れるし、乗った電車は信号の故障で30分
も止まってしまうし。おまけに携帯電話は電池切れで、会社に連絡しようにも＿＿＿＿＿＿に
取引先を待たせてしまった。

　　1　できず　　　　　　2　できる　　　　　　3　せず　　　　　　4　しない

(26) 家事に協力的であるといっても、夫が手伝ってくれるのはせいぜい朝のごみ出しや洗濯ぐ
らいである。連休とはいえ主婦はゆっくり休んでも＿＿＿＿＿＿。

　　1　いたい　　　　　　2　いられる　　　　　3　いられない　　　4　いればいい

(27) 不用意な大臣の発言はアジアの国々に波紋を投げかけた。今後の国の対応いかんでは国際
問題に発展＿＿＿＿＿＿。

　　1　しつつある　　　　　　　　　　　2　しないかもしれない
　　3　しかねる　　　　　　　　　　　　4　しかねない

(28) せっかく球場まで応援に来たのに、最下位のチームに5対0で負けるなんて＿＿＿＿＿＿。

　　1　情けあることはない　　　　　　　2　情けないといったらない
　　3　情けなくもなかろう　　　　　　　4　情けありはしない

(29) 若者に人気があるアクションスターは新聞記者のインタビューに「若者がみんな暴力映画
を見て影響を受けている。監督＿＿＿＿＿＿、俳優＿＿＿＿＿＿我々はみんなこの社会に責任があ
る。映画を通して教育を考えるのは当然のことだ。」と話した。

　　1　でなく・でなく　　2　なりに・なりに　　3　であれ・であれ　　4　なしに・なしに

(30) ダイオキシンは微量が体内に入っただけで、長期間体内に残留し生殖異常を引き起こすと
言われている。それにも＿＿＿＿＿＿恐ろしいのは、その害が胎児あるいは乳児にまで伝わっ
て、その子の生殖不能の原因になると言われている点である。

　　1　まして　　　　　　2　たして　　　　　　3　かして　　　　　　4　なして

(31) 識字率100％、就学率100％という数字は日本が世界に誇るものであるとはいえ、最近では大学生の学力の低下が問題となってきている。最高学府に入学した学生が、小学生レベルの算数の問題すら＿＿＿＿＿という事実に教育者たちは頭を抱えている。

1　解きたい　　　　　2　解けない　　　　　3　解ける　　　　　4　解きやすい

(32) 有給休暇は一般に二週間前後与えられているが、実際の取得日数は10日前後、取得率は6割弱となっている。欧米のように長期休暇を取る習慣のない日本では、上司や同僚への気がねなどから、長い休みを取ろうにも＿＿＿＿＿というのが実情らしい。

1　取りたい　　　　　2　取らない　　　　　3　取れない　　　　　4　取るまい

(33)「学校五日制で子供たちにゆとりの教育を」と文部省が土曜、日曜の週休二日制を実施したところで、忙しい子供たちの生活は少し＿＿＿＿＿のではないかと言われている。小学生の2割以上、中学生の6割が塾に通っているとされる現在、子供たちにとっては塾に行く日が増えるだけかもしれない。

1　は変わる　　　　　2　は変わらない　　　　　3　も変わらない　　　　　4　も変わる

出典・参考文献一覧

プレイスメントテスト

p. 14　聴解・問題 III　　　　参考：東嶋和子・北海道新聞取材班『科学・知ってるつもり77』（講談社ブルーバックス・1996年）

p. 17　読解・問題 I　　　　中島義道『うるさい日本の私』（洋泉社・1996年／新潮文庫・1999年）

p. 22　読解・問題 III　　　　「天声人語」（朝日新聞・1999年12月24日）

p. 23　読解・問題 IV　　　　N・グレゴリー・マンキュー『マンキュー　マクロ経済学 I』（東洋経済新報社・1996年）

I. 聞きとりの力をアップする！

p. 40　3・問題3　　　　産能短期大学日本語教育研究室編『大学生のための日本語』（産能大学出版部・1990年）

p. 40　3・問題4　　　　参考：『別冊宝島44 わかりたいあなたのための 現代思想・入門』（宝島社・1984年）

p. 41　4・問題13　　　　井上由美子「危険な関係・第一話」（映人社「ドラマ」1999年11月号）

p. 42　確認問題 I　　　　松本清張『ゼロの焦点』（新潮文庫・1971年）

p. 43　確認問題 IV　　　　野沢尚『結婚前夜』（読売新聞社・1998年）

II. 読みとりの力をアップする！

p. 46　1・問題1　　　　水野肇『インフォームド・コンセント』（中公新書・1990年）

p. 48　1・問題2　　　　日本テレコム「はーとびーと」1999年11月号

p. 52　2・問題1　　　　東京都生活文化局消費生活部「グリーンコンシューマー東京」第6号（1999年12月）

p. 56　3・問題1　　　　「あれが富士山」（朝日新聞「窓」欄・1999年12月4日夕刊）

p. 58　3・問題2　　　　俵万智『短歌をよむ』（岩波新書・1993年）

p. 59　3・問題3　　　　砂川しげひさ「ヒタ、ヒタ、ヒタ」（文藝春秋編『とっておきのいい話』文春文庫・1989年）

p. 61　4・問題1　　　　西井正弘編『図説　国際法』（有斐閣ブックス・1998年）

p. 63　4・問題2　　　　浅野克巳・荒木勝啓・浅田統一郎『エコノミックス』（成蹊堂・1988年）

p. 64　4・問題3　　　　参考：渡辺敏充・野村康一ほか『情報処理 I BASIC・新訂版』（実教出版・1991年）

p. 66　4・問題4　　　　宮田秀明『宮田秀明の「ダイオキシン」問題 Q & A』（合同出版・1998年）

p. 68　確認問題 I　　　　「批評の広場」（朝日新聞・1999年5月15日）

p. 71　確認問題 II　　　　グラフ：石野博史・安平美奈子「第5回言語環境調査から（その1）国際化時代の日本語」（日本放送出版協会「放送研究と調査」1991年8月号）

p. 73　確認問題 III　　　　沢木耕太郎「最初の人」（日本経済新聞・1999年6月27日）

p. 76　確認問題 IV　　　　「大脳のメカニズム解明」（日本経済新聞・1999年9月16日）

III. 漢字と語彙をマスターする！（参考文献）

p. 80　1. 社会学　　　　丸山哲央『社会学中辞典』（ミネルヴァ書房・1996年）

　　　　　　　　　　　　伊藤公雄・橋本満『はじめて出会う社会学』（有斐閣・1998年）

p. 82　2. 経済・経営　　　　酒井泰弘『はじめての経済学』（有斐閣・1995年）

篠原三代平『経済学入門』（日本経済新聞社・1996年）

p. 84　3. 国際関係　　　　『imidas '99』（集英社・1999年）

『現代用語の基礎知識 1997』（自由国民社・1997年）

p. 86　4. 芸術　　　　　　同朋社出版パートワーク編集部編「ザ・クラシック・コレクション」（同朋社出版・1994年）

中山公男監修「週刊グレート・アーティスト」（同朋社出版・1994年）

河竹登志夫『歌舞伎―その美と歴史―』（日本芸術文化振興会・1998年）

p. 88　5. 産業とテクノロジー　現代社会教科書研究会編『現代社会用語集』（山川出版社・1998年）

東京書籍編集部編『ビジュアルワイド現代社会』（東京書籍・1999年）

『imidas '99』（集英社・1999年）

p. 90　6. 地球と環境　　　八代昭道『ごみから地球を考える』（岩波ジュニア新書・1991年）

東京書籍編集部編『ビジュアルワイド現代社会』（東京書籍・1999年）

p. 92　7. 情報　　　　　　飯坂良月ほか『高等学校用教科書・現代社会』（東京学習出版社・1998年）

『imidas '96』（集英社・1996年）

p. 94　8. 理工　　　　　　藤田宏編『高等学校用教科書・数学』（東京書籍・1999年）

近角聡信ほか『高等学校用教科書・物理』（東京書籍・1999年）

増進会指導部編『化学のエッセンス』（増進会出版・1998年）

松永章生『理系 小論文』（増進会出版・1997年）

執筆者一覧

佐々木　瑞枝 （ささき　みずえ）

　横浜国立大学留学生センター教授。20年以上にわたり日本語教育に従事。アメリカンスクール、外国人記者クラブ、各国大使館など様々な機関で教鞭を執り、山口大学を経て現在に至る。

　『留学生と見た日本語』『日本語ってどんな言葉？』『女の日本語 男の日本語』（筑摩書房）、『日本社会再考』（北星堂書店・共著）、『あいまい語辞典』（東京堂出版・共著）、『会話のにほんご』『会話のにほんご＜ドリル＆タスク＞』（ジャパンタイムズ・共著）など著書多数。*Asahi Evening News* のコラムニストでもある。

横浜日本語研究会 （五十音順）

石塚　京子 （いしづか　きょうこ）	東京国際大学付属日本語学校
市瀬　俊介 （いちのせ　しゅんすけ）	東京国際大学付属日本語学校
薄井　廣美 （うすい　ひろみ）	アークアカデミー
岡田　純子 （おかだ　じゅんこ）	青山国際教育学院日本語センター
小松　由佳 （こまつ　ゆか）	赤門会日本語学校
庄野　恵子 （しょうの　けいこ）	赤門会日本語学校
服部　由紀子 （はっとり　ゆきこ）	CEC外語センター
播岡　恵 （はりおか　めぐみ）	ラボ日本語教育研修所
肥後　典子 （ひご　のりこ）	TOPA21世紀語学校
藤尾　喜代子 （ふじお　きよこ）	東京外語学園日本語学校
細井　和代 （ほそい　かずよ）	赤門会日本語学校
升岡　香代子 （ますおか　かよこ）	東京日本語学校
丸山　伊津紀 （まるやま　いつき）	ラボ日本語教育研修所
村澤　慶昭 （むらさわ　よしあき）	横浜国立大学留学生センター
築　晶子 （やな　あきこ）	朝日カルチャーセンター

プレイスメントテスト　解答用紙

①〜④の中から正しいものをマークしなさい。　　（例）　① ● ③ ④

文字・語彙

問題 I

問1	(1)	① ② ③ ④
	(2)	① ② ③ ④
	(3)	① ② ③ ④
	(4)	① ② ③ ④
	(5)	① ② ③ ④
問2	(1)	① ② ③ ④
	(2)	① ② ③ ④
	(3)	① ② ③ ④
	(4)	① ② ③ ④
	(5)	① ② ③ ④
問3	(1)	① ② ③ ④
	(2)	① ② ③ ④
	(3)	① ② ③ ④
	(4)	① ② ③ ④
	(5)	① ② ③ ④
問4	(1)	① ② ③ ④
	(2)	① ② ③ ④
	(3)	① ② ③ ④
	(4)	① ② ③ ④
	(5)	① ② ③ ④
問5	(1)	① ② ③ ④
	(2)	① ② ③ ④
	(3)	① ② ③ ④
	(4)	① ② ③ ④
	(5)	① ② ③ ④
問6	(1)	① ② ③ ④
	(2)	① ② ③ ④
	(3)	① ② ③ ④
	(4)	① ② ③ ④
	(5)	① ② ③ ④
問7	(1)	① ② ③ ④
	(2)	① ② ③ ④
	(3)	① ② ③ ④
	(4)	① ② ③ ④
	(5)	① ② ③ ④

問8	(1)	① ② ③ ④
	(2)	① ② ③ ④
	(3)	① ② ③ ④
	(4)	① ② ③ ④
	(5)	① ② ③ ④

問題 II

(1)	① ② ③ ④	
(2)	① ② ③ ④	
(3)	① ② ③ ④	
(4)	① ② ③ ④	
(5)	① ② ③ ④	
(6)	① ② ③ ④	
(7)	① ② ③ ④	
(8)	① ② ③ ④	
(9)	① ② ③ ④	
(10)	① ② ③ ④	
(11)	① ② ③ ④	
(12)	① ② ③ ④	
(13)	① ② ③ ④	
(14)	① ② ③ ④	
(15)	① ② ③ ④	
(16)	① ② ③ ④	
(17)	① ② ③ ④	
(18)	① ② ③ ④	
(19)	① ② ③ ④	
(20)	① ② ③ ④	
(21)	① ② ③ ④	
(22)	① ② ③ ④	
(23)	① ② ③ ④	
(24)	① ② ③ ④	
正答数		問

聴　解

問題Ⅰ	①	②	③	④
問題Ⅱ	①	②	③	④
問題Ⅲ	①	②	③	④
問題Ⅳ 問1	①	②	③	④
問題Ⅳ 問2	①	②	③	④
問題Ⅳ 問3	①	②	③	④
正答数				問

文　法

（1）	①	②	③	④
（2）	①	②	③	④
（3）	①	②	③	④
（4）	①	②	③	④
（5）	①	②	③	④
（6）	①	②	③	④
（7）	①	②	③	④
（8）	①	②	③	④
（9）	①	②	③	④
（10）	①	②	③	④
（11）	①	②	③	④
（12）	①	②	③	④
（13）	①	②	③	④
（14）	①	②	③	④
（15）	①	②	③	④
（16）	①	②	③	④
（17）	①	②	③	④
（18）	①	②	③	④
（19）	①	②	③	④
（20）	①	②	③	④
（21）	①	②	③	④
（22）	①	②	③	④
（23）	①	②	③	④
（24）	①	②	③	④
正答数				問

読　解

問題Ⅰ				
問1	①	②	③	④
問2	①	②	③	④
問3	①	②	③	④
問4	①	②	③	④
問5	①	②	③	④
問題Ⅱ				
（1）	①	②	③	④
（2）	①	②	③	④
（3）	①	②	③	④
問題Ⅲ				
問1	①	②	③	④
問2	①	②	③	④
問3	①	②	③	④
問題Ⅳ				
問1	①	②	③	④
問2	①	②	③	④
正答数				問